LES
Fleurs de Fourvière

PAR

l'Abbé GRANGE

Chapelain de Notre-Dame de Fourvière

LIBRAIRIE CATHOLIQUE EMMANUEL VITTE

LYON
3, Place Bellecour.

PARIS
Rue Garancière, 5.

1919

Les Fleurs de Fourvière

LES

Fleurs de Fourvière

PAR

l'Abbé GRANGE

Chapelain de Notre-Dame de Fourvière

LIBRAIRIE CATHOLIQUE EMMANUEL VITTE

LYON   PARIS

3, Place Bellecour.   Rue Garancière, 5.

1919

Le Pape Pie VII, le 19 avril 1805, préside la réouverture du sanctuaire et accorde à perpétuité de précieuses indulgences. La fête de N.-D. de Fourvière a été établie en mémoire de ce grand événement.

PRÉFACE

Ce livre était terminé à la veille de la guerre, comme on le voit à la date de l'*Imprimatur* qui est du 1er juillet 1914.

Les événements n'ont pas permis à l'éditeur de le publier, à cause des photogravures ; les ouvriers n'étaient plus à l'atelier, mais sur le front.

A la fin de la guerre, l'auteur a dû faire quelques retouches et additions.

La sainte colline et surtout le pèlerinage ont eu alors une physionomie spéciale.

Les foules sont accourues vers Celle que l'on n'invoque jamais en vain.

Dans cette foule, quand des batailles eurent été livrées, se trouvaient des soldats dont la poitrine portait des décorations ; mais combien avaient des blessures et étaient amputés et mutilés !

C'est surtout dans les ennuis et les épreuves que l'on a besoin de réconfort et de consolation ; et qui peut les mieux donner qu'une mère ? La Sainte Vierge est la Mère par excellence, la mère des mères.

Elle attirait donc irrésistiblement à Elle les malheureux, tous ceux qui avaient besoin de secours, de force, de patience.

Qui n'en avait pas besoin alors ?

Du bord des fleuves, des rues, des places, des carre-

fours, des maisons, on aperçoit la demeure, le sanctuaire béni de la Patronne de la ville, qui est aussi
Reine de France et Reine du monde ; *levavi oculos
meos in montes unde veniet auxilium mihi.*

FIG. 1. — Façade de la Basilique et vue d'ensemble.

Mais on montait souvent à Fourvière, le cœur plein
d'espérance.

Le premier jour de la mobilisation, la Basilique et
l'ancienne chapelle furent envahies par une foule im-

FIG. 2. — Intérieur de la Basilique.

mense d'hommes qui, avant de voler à la frontière, voulurent recevoir le sacrement du pardon et de la miséricorde, et une bénédiction suprême.

Quel recueillement ! quelle gravité sur ces physionomies de futurs héros dont beaucoup devaient verser leur sang pour la patrie !

Ce fut ensuite un mouvement incessant de pèlerins ; toutes les classes de la société étaient mêlées.

Un même souffle, une même inspiration les animaient ! une communion de pensées et de sentiments identiques unissait les esprits et les cœurs dans un saint patriotisme.

Le besoin de prières extraordinaires et quotidiennes devint urgent.

L'autorité religieuse décida que chaque jour à 7 h. ½, il y aurait une messe pour les soldats à la Basilique, et des chants de supplication ; que le soir, le rosaire serait récité dans la même intention, suivi du Psaume *Deus refugium*, du *Parce Domine*, et de la bénédiction du Saint Sacrement.

Dans le diocèse de Lyon comme dans tous ceux de la France, les prêtres, à la sainte messe, dirent l'oraison du temps de guerre.

Fourvière devint alors un centre de prières intenses et en même temps l'œuvre de la charité s'y établit, comme partout.

Les locaux occupés par l'Ecole cléricale et la Maîtrise furent mis à la disposition d'une ambulance.

Sur la place de Fourvière deux ambulances s'établirent : l'une dans l'ancienne maison du Cénacle, l'autre dans l'ancien pensionnat des Sœurs de Jésus-Marie.

Plusieurs prêtres attachés à Notre-Dame de Fourvière

Fig. 3. — Les voûtes de la Basilique.

furent mobilisés, les autres retenus par leur âge avancé, par un travail supplémentaire, souvent très lourd, contribuèrent à l'œuvre commune.

Sous les auspices de Notre-Dame de Fourvière, nous

FIG. 4. — Vue de Fourvière avant la construction de la Basilique.

avons fait cet ouvrage dans le but de faire mieux connaître son action apostolique sociale.

On a dit qu'il y avait à Lyon deux collines, l'une mystique, l'autre consacrée au travail.

Nous avons voulu montrer, par de courtes et intéressantes notices, que si la colline mystique est un foyer d'intense piété, elle est encore le centre d'œuvres actives de premier ordre, œuvres d'apostolat, de charité et d'éducation.

La Madone a son trône sur une terre arrosée du sang des martyrs : elle est elle-même une source d'apostolat.

Autour d'elle et sur les pentes sacrées de la colline, sont répandus des parterres et des corbeilles de belles fleurs de dévouement.

La Vierge bénie qui a été comparée au lys de la vallée, à la petite fleur des champs, à la rose mystique, respire les parfums délicieux des jardins mystiques qui l'entourent ; elle leur procure les chauds rayons du soleil, les fertilisantes gouttes de rosée divine, dont elles ont besoin ; ses bénédictions se répandent sur eux.

La statue de la Madone de Fabisch la représente étendant les bras sur la ville qu'elle aime et protège, mais elle aime d'abord sa colline sainte, qui est à ses pieds.

Nos précédents ouvrages ont été accueillis avec faveur par le public, nous pensons que celui-là recevra le même accueil et qu'il intéressera à la fois et édifiera. Que Notre-Dame de Fourvière le bénisse comme elle a béni les autres !

A Notre-Dame de Fourvière

O colline sacrée aux sanglantes assises,
Qui portes dans tes flancs l'antique Lugdunum,
Tes martyrs t'ont soustraite aux païennes emprises,
Et la Vierge domine où croula le Forum.

Elle est là, rayonnante en son palais mystique,
Don royal de la foi d'une noble cité,
Maison d'or, érigée en un rêve extatique,
Ruisselant de candeur, de grâce et de clarté.

Celle que l'univers proclame bienheureuse,
La Fille du Très-Haut, Mère de l'Enfant-Dieu,
De son trône sourit à la foule pieuse,
En lui montrant son Fils, au nimbe radieux.

Vers elle, sans effort, s'élève la prière,
Comme un encens autour d'un front auréolé,
Tendre, comme l'azur qui pleut de sa verrière,
Forte, par Elle, ainsi que son lion ailé.

Et du haut de sa tour, l'auguste Souveraine,
Dont la miséricorde égale la beauté,
De ses divines mains, comme d'une fontaine,
Laisse fluer, sans fin, les flots de sa bonté.

*
* *

Toi qui connais nos monts, nos gaves, nos vallées,
Pour y venir, parfois, poser tes pieds divins,
Et vois vers tes autels, ô Reine immaculée,
Rouler les flots innombrables des pèlerins,

Sois fidèle toujours à la terre de France,
Aujourd'hui comme hier, demain comme aujourd'hui,
Dans la guerre ou la paix, la joie ou la souffrance,
Daigne nous prodiguer ton maternel appui.

Sois clémente à nos vœux, douce Consolatrice
Des mères qui, vers Toi, ont crié leur douleur,
En souvenir de ton immense sacrifice,
Et des glaives de feu qui percèrent ton cœur.

Toi qui, pour adoucir l'éternelle Justice,
Sais toucher de ton Fils le cœur compatissant,
De nos cités, toujours, sois la médiatrice ;
Eloigne de nos murs tout fléau menaçant ;

O Vierge, dont le nom met l'enfer en furie,
Contre l'Esprit mauvais et contre tout danger,
Défends-le, ton Lyon, qui travaille et qui prie.
Qui pourrait, aussi bien que Toi, le protéger ?

Ton temple n'a-t-il pas, comme une citadelle,
Des tours et des créneaux et des portes d'airain ?
Est-il abri plus sûr pour ton peuple fidèle,
Qui se plaît à chanter ton pouvoir souverain,

Et te sait forte ainsi qu'une nombreuse armée,
Et vigilante comme un veilleur en sa tour ?
Que craindre ou redouter, ô Mère bien-aimée,
Sous l'égide de ton indéfectible amour ?

Pour aller à Jésus, ta voie est la plus sûre ;
Car le divin Sauveur ne sait rien refuser
A la Reine du Ciel, à la Vierge très pure,
Dont il reçut, Enfant, les maternels baisers.

Heureuses les cités, dont tu fais ton domaine,
Heureux celui qui vit autour de ta maison,
T'ayant pour confidente, en sa joie ou sa peine,
Et qui voit ta clarté luire à son horizon.

E. V.

Janvier 1919.

CHAPITRE PREMIER

PAULINE JARICOT, FONDATRICE DE LA PROPAGATION DE LA FOI.

Pauline Jaricot est assurément une des plus belles fleurs de Fourvière, une fleur d'apostolat.

Elle n'est pas éclose ici et ce n'est pas ici non plus qu'on doit placer le berceau de son œuvre, mais on peut dire que Fourvière a le droit de la revendiquer comme sienne. Tous ceux qui ont lu sa vie ne le contesteront pas.

Elle naquit rue Tupin, le 22 juillet 1799, et c'est à Saint-Polycarpe qu'elle fonda son œuvre, mais c'est à Fourvière qu'elle avait reçu les grâces les plus abondantes, qu'elle avait préparé sa vocation en vue de la mission qui lui était réservée ; l'inspiration, peu à peu, lui vint de Celle qu'on appelle la Reine des apôtres, des missionnaires.

Elle vécut à Fourvière, dans une humble maison qu'elle appelait Nazareth, placée sur l'emplacement même de la Basilique ; elle y formait sous la direction de son frère, aumônier de l'Hôtel-Dieu, de futures Sœurs hospitalières.

Elle était alors une maîtresse de novices bien jeune

et bien inexpérimentée, mais par son zèle, son ardente piété, son intelligence des choses de Dieu, son bon sens, elle suppléait ce qui laissait à désirer du côté de sa formation.

Nous ne voulons point raconter les vicissitudes de son existence tourmentée ni parler de ses œuvres, de sa fondation du Rosaire vivant, de son ardeur infatigable pour trouver des ressources à la Propagation de la Foi.

M. Gourdiat, curé de Saint-Polycarpe, qui fut vicaire général, discerna sa vocation et la défendit contre plusieurs attaques, mais ne ménagea pas son amour-propre, car il était de la vieille école des maîtres de la vie spirituelle qui éprouvent la vertu.

Il reconnut en elle les dispositions qu'il fallait pour son apostolat.

Ce fut au bas des jardins du Rosaire de Fourvière qu'elle passa les dernières années de sa vie dans une retraite laborieuse après avoir souffert de cruels déboires de la perfidie des hommes et de leur ingratitude.

Elle y endura de grandes privations, elle qui était née au sein de la richesse et avait donné sa fortune considérable, en bonnes œuvres.

Elle eut du moins la consolation de faire bâtir en l'honneur de sa sainte de prédilection, sainte Philomène, une petite chapelle sur le modèle de celle de Bugnano, en Italie, où elle avait prié avec ferveur.

La petite maison qu'elle habita, et où elle mourut, en odeur de sainteté, était à côté; elle l'avait appelée Lorette.

Un procès de béatification est en instance, il est

Fig. 5. — Pauline Jaricot,
Fondatrice de la Propagation de la Foi.

encore au début de la procédure canonique, l'Eglise procédant avec une sage lenteur. Les plus belles espérances pour le succès de la cause sont permises. L'Œuvre de la Propagation de la Foi s'y intéresse.

Cette Œuvre, bien modeste à ses origines, a pris un développement extraordinaire.

Elle a procuré et procure à nos missionnaires de grands subsides, insuffisants cependant.

Si des asiles, des orphelinats, des ouvroirs, des hôpitaux, des églises, des séminaires ont été fondés, c'est à cette œuvre que l'Eglise le doit.

Le diocèse de Lyon, par ses cotisations nombreuses et le grand nombre de ses missionnaires, a occupé longtemps le premier rang : ce poste d'honneur, il ne peut pas l'abandonner.

Que Pauline Jaricot, du haut du ciel, l'aide à le garder et qu'elle suscite des âmes animées comme elle du zèle apostolique qui l'embrasait, et qui lui a fait accomplir des œuvres si belles !

CHAPITRE II

———

Ecole cléricale et petite maitrise de Fourvière.

C'est une chose importante pour une paroisse, et surtout pour une Cathédrale et une Basilique, d'avoir des clercs bien formés pour les cérémonies et le chant.

La liturgie catholique est belle, pleine d'éclat et de solennité ; elle parle à l'âme par la vue et l'ouïe, les fidèles sont à la fois édifiés, touchés et instruits.

Une école cléricale est, en outre, comme une pépinière de vocations sacerdotales.

Des enfants, des adolescents se sentent peu à peu doucement attirés vers le saint ministère des autels, et s'y préparent de loin.

Dans cette pensée, Mgr Chatelus, pendant son rectorat de Fourvière, fonda cette école; en quelques années elle prit d'heureux développements et donna de beaux résultats. Plusieurs prêtres sont sortis de cette école et lui font honneur.

Si le diocèse de Lyon a eu des vocations nombreuses et souvent de choix, il le doit en grande partie à ses écoles cléricales dispersées en diverses régions de la campagne et dans les villes.

Des familles où les traditions chrétiennes se sont

maintenues, mais pauvres, et dans l'impossibilité souvent de pourvoir aux frais d'une éducation longue et coûteuse, ont été heureuses et fières de donner leurs enfants à l'Eglise.

Les enfants, souvent bien doués, studieux, entourés de soins délicats et prolongés, reçoivent une culture de choix à la fois intellectuelle et morale.

Des maîtres doctes et pieux, qui ont conscience de leur responsabilité et de la grandeur de leur mission, se consacrent entièrement à cette œuvre, modeste en apparence, mais en réalité grande et féconde, dont les conséquences sont de premier ordre.

Notre école comptait avant la guerre quatre prêtres professeurs, dont un directeur, et plus de quarante enfants, je dis comptait, parce que, pendant la guerre, les professeurs furent mobilisés et l'école licenciée pour faire place à une ambulance (1) ; les élèves furent placés dans diverses maisons d'éducation du diocèse.

On peut affirmer que les enfants élevés à Fourvière le sont dans des conditions excellentes et privilégiées. Le Cardinal Coullié, de vénérée mémoire, le leur disait souvent.

---

(1) MM. Edouard Payen et Fernand Saint-Olive, membres de la Commission de Fourvière, ne m'en voudront pas de dire publiquement que, pendant la guerre, avec une générosité admirable et un dévouement inlassable, ils se sont prodigués à l'ambulance, à notre très grande édification.

M. le docteur Madinier, de Saint Irénée, mérite les mêmes éloges.

Fig. 6.

Mgr Chatelus, évêque de Nevers, ancien Recteur de Fourvière.

Il prenait un grand plaisir à les entretenir, à leur rappeler souvent et avec une amabilité charmante leur heureux sort.

« Nulle part, leur disait-il, vous ne seriez mieux.

Vous êtes d'abord auprès de la meilleure des mères, c'est comme sous son manteau que vous avez trouvé un abri pour votre jeunesse. Vous étudiez à l'ombre de son béni sanctuaire et vous officiez dans une Basilique magnifique.

Vous contribuez par vos chants bien exécutés, vos cérémonies bien faites à la splendeur du culte divin ; vous formez en même temps votre goût ; vous recevez une initiation première dont vous garderez l'empreinte et qui vous laissera des souvenirs et des impressions profitables.

Plus tard, devenus prêtres, vous ferez à d'autres ce qu'on vous a fait à vous, il vous sera facile de le faire.»

Il ne faudrait pas croire que les enfants de l'école négligent leurs études à cause du temps qu'ils donnent au culte religieux.

Ce sont d'autres enfants qui servent les messes et chantent à la grand'messe de chaque jour et aux vêpres et complies.

On fait appel au concours de la maîtrise les dimanches et fêtes et pour les cérémonies extraordinaires.

Le maître de chapelle et de chant, le maître des cérémonies leur donnent des répétitions régulières.

Les fidèles avaient remarqué que les chants et les

cérémonies à Fourvière étaient fort bien; c'est pourquoi ils venaient en grand nombre.

Quel beau spectacle que celui d'une foule immense remplissant la Basilique, qui s'abandonne aux
douces et délicieuses émotions de la prière, aux élans ·
de sa piété !

Les chants d'église, à cause de leur expression et
de leur inspiration sont, quand ils sont bien exécutés,
de beaucoup supérieurs aux chants profanes.

Ils élèvent l'âme, pour ainsi dire, au-dessus d'elle-
même, au-dessus de la terre ; la Jérusalem céleste
semble s'entr'ouvrir avec ses chœurs d'anges et attirer à elle les âmes qui dans la vallée de larmes gé-
missent et souffrent; de radieux horizons leur appa-
raissent.

Le chant religieux est lyrique, dramatique et
simple.

Il exprime les joies et les espérances de la pauvre
âme exilée, la foi, la confiance dans les miséricordes
infinies du Seigneur, l'amour pour le Christ Sauveur
et Rédempteur, sa tendresse pour la Vierge bénie,
sa mère bien-aimée.

La liturgie mariale est pleine de suavité et d'onction, elle est charmante et gracieuse, poétique et
pathétique.

Elle calme, apaise, adoucit la douleur. L'âme chrétienne dit comme les apôtres au Thabor : *bonum est
nos hic esse*, on est bien ici.

Des voix d'enfants, fraîches et limpides, pures et bien fondues dans des accords harmonieux sont quelque chose de ravissant.

Au printemps et en automne, on apporte souvent à la sacristie de Fourvière de beaux bouquets pour la Madone: bouquets de lilas, de roses, de violettes, de lis, d'autres fleurs aux teintes variées, aux parfums délicats ; les âmes pieuses et pures des futurs lévites sont des fleurs certainement plus belles et plus agréables à la Reine du Ciel. Comme Racine a eu raison de dire :

> O bienheureux mille fois
> L'enfant que le Seigneur aime,
> Qui de bonne heure entend sa voix,
> Et que ce Dieu daigne instruire lui-même !
> Loin du monde élevé, de tous les dons des cieux
> Il est orné dès sa naissance ;
> Et du méchant l'abord contagieux
> N'altère point son innocence.

Pendant la guerre, où, à cause des événements, jamais la foule ne fut plus considérable, la collégiale, privée du secours de la maîtrise, pourvut de son mieux à son absence.

On s'adresse à M. le Recteur de Fourvière pour l'admission des enfants de l'école, et il ne les reçoit que sur de très bonnes références.

             CHAPITRE III

                ———

Le Vénérable Père Chevrier.

Le vénérable Père Chevrier est une des gloires du
clergé lyonnais, qui en compte tant.

Si nous faisons ici une mention spéciale de lui,
c'est que, à de certains égards, il nous appartient,
et nous allons dire dans quel sens.

Il est assurément une des belles fleurs de Fourvière, fleur d'apostolat et de charité.

Nous ne le regardons pas comme nôtre, parce
qu'il a été un pèlerin très assidu et très fervent de
Notre-Dame de Fourvière, mais parce qu'il l'a asso-
ciée étroitement à son œuvre pendant une année
entière, dans des conditions spéciales.

Qu'on nous permette quelques détails biographi-
ques que nous empruntons à une petite brochure
populaire (1).

Antoine Chevrier naquit à Lyon, le 16 avril 1826,
jour où l'Eglise devait honorer plus tard saint
Benoît Labre, dont il allait imiter l'esprit de sacrifice et de mortification.

(1) La vie du Père Chevrier a été faite par M. Villefranche,
mais nous savons qu'un prêtre distingué du Prado et autorisé, travaille, sur des documents complets, à une nouvelle vie de l'homme
de Dieu.

Son père, Claude Chevrier, d'une ancienne famille lyonnaise, était employé de l'octroi; sa mère, Fréchet, originaire de La Tour-du-Pin, tenait un petit atelier pour le tissage de la soie.

C'était une femme simple, mais de grand bon sens et très pieuse.

Elle consacra à la Sainte Vierge l'enfant qu'elle portait dans son sein et l'éleva dans la crainte et l'amour de Dieu.

L'enfant fut baptisé dans l'église de Saint-François.

Le parrain, au sortir de la cérémonie, comme animé de l'esprit prophétique, dit à la mère: «Prends bien soin de ce petit; il sera l'honneur de la famille.»

Il devait être non seulement l'honneur de sa famille, mais celui de l'Eglise de Lyon, et même de l'Eglise entière, car nous avons des raisons de penser qu'il sera inscrit un jour dans les annales de la sainteté.

L'illustre cardinal Mercier, Primat de Belgique, qui avait lu sa vie avec admiration, vint exprès à Lyon pour étudier son œuvre, afin de l'établir dans son diocèse, et pria longuement sur le tombeau du Vénérable.

De bonne heure, celui-ci montra pour le sacerdoce de vifs attraits, ses inclinations étaient toutes surnaturelles, les choses de Dieu le charmaient et l'enthousiasmaient.

A l'Argentière, il fit l'édification de ses camarades dont il fut le modèle.

Au grand séminaire de Saint-Irénée, dans la prière, le silence, le travail, l'étude, il fit de très amples provisions de vie intérieure ; son âme naturellement élevée montait sans effort aux plus hauts sommets, mais c'était le secret de Dieu et du directeur de sa conscience. *Ascensiones in corde disposuit*, dit le psalmiste; son ascension était quotidienne; il montait chaque jour plus haut, plus haut vers Dieu.

Fig. 7. — Le Vénérable Père Chevrier.

Il brûlait du désir de se faire missionnaire, de verser son sang au pays des infidèles, pour Jésus-Christ ; la Providence en disposa autrement; il obéit. Faire la volonté de Dieu, tout est là, et c'est ce qu'il voulait absolument.

Après avoir reçu l'onction sainte avec les dispositions d'un saint Vincent de Paul, il fut envoyé vicaire dans une paroisse nouvellement créée à la Guillotière, où vivaient des nomades et quantité de gens plus ou moins sujets à caution ; dans les délaissés du Rhône étaient venus aussi de pauvres gens ayant bien de la peine à gagner leur vie.

Les paroissiens possédant quelques ressources étaient rares, son ministère était donc un ministère d'absolu dévouement.

Le curé de cette pauvre paroisse eut dans son vicaire un collaborateur de choix.

Nous n'avons pas à parler de son zèle, tout particulièrement lors des inondations de 1856, où il fit des prodiges d'héroïsme et sauva la vie à plusieurs personnes.

A Saint-André, le vénérable Père faisait merveille, était estimé et aimé de tous, mais la Providence qui avait de grands desseins sur lui, ne l'y laissa pas.

Voici comment les choses se passèrent :

Un jeune homme, appartenant à une des meilleures familles de Lyon, M. Rambaud, obéissant à une vocation irrésistible, fit ce que ne fit pas le jeune homme riche de l'Evangile, à qui le bon Maître proposa de le suivre, il le suivit.

M. Rambaud dit adieu à toutes les brillantes espérances qu'il avait dans le monde, pour se dévouer au salut de ses frères malheureux.

Il fonda la Cité qui porta et porte encore son nom, la Cité Rambaud : là, les pauvres sont logés gratuitement et sont l'objet des plus touchantes sollicitudes.

Cette œuvre était sans direction spirituelle, le Père Chevrier en fut chargé.

Il se trouva de suite dans son élément, put suivre librement ses inclinations pour les œuvres de charité.

Il resta à la Cité quatre ans; par ses catéchismes, ses sermons, ses conseils, l'audition des confessions, et aussi ses mortifications et pénitences, il fit une œuvre d'apostolat dont Dieu seul connaît l'étendue.

Après bien des hésitations, M. Rambaud consentit à recevoir les saints Ordres, il alla à Rome pour s'y préparer.

A son retour, lui-même put se charger de la direction spirituelle, que le Père Chevrier avait exercée avec tant de fruit ; celui-ci redevint donc libre.

Deux pensées s'étaient pour ainsi dire emparées du Vénérable, et l'obsédaient : la première, de préparer à la première communion des enfants qui ne la recevaient pas, dans les quartiers de la Guillotière, ou bien la recevaient sans préparation suffisante ; la seconde, de trouver un gîte pour des pauvres êtres abandonnés de leurs parents et livrés à tous les instincts de la nature corrompue et à tous les dangers de la rue. Mais comment faire?

Sans ressources, très pauvre lui-même, comment pouvait-il mener à bien une pareille entreprise? Une voix intérieure lui disait que malgré mille difficultés il réussirait.

Des hommes bien intentionnés et sages de la sagesse humaine le dissuadèrent de réaliser ses projets qu'ils considéraient comme chimériques et imprudents.

Cependant la voix de Dieu parlait en lui plus haut et plus fort que celle des hommes.

Malgré tout, il se mit à l'œuvre.

Nous n'avons pas à dire ici les difficultés innombrables qu'il rencontra et eut à surmonter.

Il trouva enfin un local pour les garçons, mais il n'en avait pas pour les filles, et elles étaient encore plus exposées que les garçons.

C'est ici que nous quittons la Guillotière pour venir à Fourvière ; et peut-être que le bienveillant lecteur se demandait pourquoi nous l'entraînions au-delà du Rhône et en quoi l'Œuvre du Prado se rapportait à Fourvière.

Les bonnes Sœurs de Saint-Charles et de Saint-Joseph avaient bien donné un concours dévoué et généreux pour les petites filles, mais, malgré leur bonne volonté, elles n'avaient pas trouvé de maison pour leur donner asile.

Sur l'emplacement où s'élève aujourd'hui la Basilique, il y avait une maison dont Mlle de Roquefort était propriétaire.

Cette excellente chrétienne s'était proposée de

recueillir de jeunes protestantes désireuses de s'instruire des vérités de la foi catholique et de se convertir.

Pour des raisons diverses, ses pieux desseins avaient échoué.

Apprenant l'embarras dans lequel se trouvait le vénéré Père, elle offrit de loger ses petites filles, et elle le fit du 1er janvier 1860 au 1er janvier 1861.

Le Père Chevrier venait fréquemment visiter ces enfants, les confesser, leur faire le catéchisme.

Elles se rendaient bien aussi à la paroisse de Saint-Just pour suivre les cours de catéchisme, mais l'homme de Dieu tenait à leur donner en abondance la doctrine chrétienne et des instructions particulières pour les mettre en garde contre tant de dangers auxquels les exposait leur jeunesse sans appui.

Il faisait dans la chapelle de Fourvière des visites prolongées. C'était un vrai dévot, serviteur de la Madone, en qui il avait une confiance filiale et qu'il associait à tous ses projets, la faisant sa confidente, lui demandant sans cesse appui et consolation.

Là, dans ses épreuves et ses angoisses, il trouvait la paix, le repos et du réconfort, son âme se dilatait pour ainsi dire dans le béni sanctuaire ; son cœur y était embrasé.

Comme Moïse descendait de la montagne, rempli du feu sacré, le Père Chevrier descendait de la sainte colline avec une nouvelle ardeur pour le combat.

Le funiculaire n'existant pas, l'ascension lui prenait bien du temps, un temps requis par de multiples occupations.

Cette situation ne pouvait durer indéfiniment.

Enfin, avec l'autorisation du Cardinal de Bonald et l'agrément de M. le Curé de Saint-Louis, grâce à la générosité de plusieurs bienfaiteurs, l'acte d'acquisition du Prado fut signé le 10 décembre 1860, en la fête de Notre-Dame de Lorette.

Le vénérable Père Chevrier, comme Pauline Jaricot, est donc une fleur de Fourvière. Que de fois il est venu ensuite ici! et que de fois, sur les bords du Rhône, il l'a saluée avec respect et amour, l'a priée pour ses pauvres enfants abandonnés !

La Vierge de Fourvière lui a été secourable et a béni son œuvre; plusieurs de ses fils sont aujourd'hui prêtres, et l'un, Mgr Chassagnon, est évêque à Saint-Etienne.

CHAPITRE IV

RÉVÉRENDE MÈRE IGNACE, FONDATRICE DE LA CONGRÉGATION DE JÉSUS-MARIE.

Le pèlerin de Fourvière, qui, à la sortie du funiculaire, se trouve en face de la Basilique, voit à sa gauche un assez grand bâtiment au numéro 1 de la place : c'est l'Archevêché.

Avant la loi néfaste contre les Congrégations, c'était le noviciat des Religieuses de Jésus-Marie ; les immeubles qui font suite, à angle droit, étaient leur pensionnat florissant, occupé aujourd'hui par une institution laïque de jeunes filles, animée de l'esprit chrétien ; une partie de l'immeuble a été réservée pendant la guerre à un hôpital auxiliaire.

Plus loin est une grande maison avec un vaste jardin ; c'est aujourd'hui une importante maison de famille autrefois dirigée par les mêmes Religieuses de Jésus-Marie.

Nous allons consacrer une courte notice à la fondatrice de cette Congrégation qui, modeste à l'origine, a pris plus tard de grands développements, a fait beaucoup de bien en France et à l'étranger, jusque dans les Missions des Indes.

La fondatrice, en religion Révérende Mère Ignace, et dans le monde, Marie-Claudine Thévenet, fut, dans toute l'acception du mot, une femme supérieure, richement douée des dons de l'esprit et du cœur, d'une volonté de fer.

Un chanoine d'Autun, M. l'abbé Jeandel, a écrit un beau livre sur la femme catholique, son action religieuse et sociale.

Dans sa galerie de femmes remarquables, il a plusieurs religieuses illustres, entre autres la Mère Barat et la Mère Javouhey ; il n'y a pas la Mère Thévenet : elle méritait d'y être, bien que sa Congrégation n'ait pas l'importance des deux autres.

Elle était fille d'un fabricant de soieries de Lyon, père de sept enfants qui, pendant les jours sombres de la Terreur, fut obligé de quitter précipitamment la ville menacée des plus grands maux.

Deux frères de Claudine, restés à Lyon, furent dénoncés et emprisonnés.

Claudine, malgré mille difficultés, et au risque de sa vie, réussit à les visiter dans leur prison et à les consoler.

Condamnés à mort, ils furent décapités sur la place des Terreaux.

Claudine put, avant l'exécution, grâce à son extraordinaire sang-froid et son dévouement fraternel, s'approcher d'eux et leur inspirer, à ce moment suprême, des sentiments de foi.

FIG. 8. — La Mère Saint-Ignace,
Fondatrice de la Congrégation de Jésus-Marie.

Pour leur faire ses adieux elle avait dû passer sur des cadavres ruisselants de sang.

Après ces terribles événements, quand la Terreur eut pris fin, elle se sentit attirée vers les œuvres de dévouement social, pour la classe ouvrière moralement abandonnée.

L'abbé Wurtz, vicaire de Saint-Nizier, puis le chanoine Gourdiat, curé de Saint-Polycarpe, l'encouragèrent dans cette voie.

Un missionnaire apostolique en grand renom à cette époque, M. l'abbé Coindre, la décida à faire l'acquisition d'une petite maison à la Croix-Rousse, au lieu dit les Pierres-Plantées, pour recevoir des ouvrières en soie, dans le but de les instruire des vérités de la religion et leur donner, les jours de fête et les dimanches, un asile où elles pourraient prendre en commun un peu de récréation et de repos, à l'abri de tout danger.

Cette Œuvre prospéra, mais la maison était trop étroite, et ne pouvait contenir toutes les ouvrières désireuses de faire partie de l'Association.

La maison servait encore d'ouvroir : il fallait donc absolument une maison plus spacieuse, mais cette maison, où la trouver ? En ville, les immeubles étaient très coûteux et il ne fallait pas songer d'autre part à faire bâtir.

On pensa alors à s'établir à Fourvière.

L'idée paraissait déraisonnable, car Fourvière

était bien loin des ateliers et des maisons de soieries, son accès était long et assez difficile pour des ouvrières qui vont travailler à la journée, car elles venaient peu à peu à la maison, non seulement le dimanche, mais même la semaine.

La Providence, dans ses desseins secrets et impénétrables, avait d'autres vues que l'établissement d'un ouvroir à Fourvière ; elle pensait à une maison d'éducation pour les jeunes filles de familles aisées. L'œuvre de l'éducation de la jeunesse était très urgente à cette époque de grande ignorance religieuse.

Il s'agissait aussi de reconstituer la société par la famille ; le rôle de la femme, de la mère chrétienne y est prépondérant.

C'est ce qu'avait parfaitement compris l'abbé Coindre ; il engagea Claudine Thévenet à laisser l'ouvroir et à s'occuper de l'éducation des jeunes filles ; c'était l'œuvre du moment, l'œuvre essentielle.

Mais pour réaliser ce dessein, que d'obstacles ! D'abord, pour l'acquisition de la propriété de Fourvière, il fallait plus de ressources que n'en possédait Claudine ; elle avait déjà bien fortement ébréché son patrimoine par ses abondantes aumônes.

Toutefois, il lui restait encore une certaine somme. Grâce à la grande obligeance et au dévouement du père de Pauline Jaricot, qui lui donna bien des facilités d'achat, cette acquisition put se faire.

Claudine était liée d'étroite amitié avec sa fille ; ces deux belles âmes s'étaient comprises et aimées.

C'était autant à l'importance de l'œuvre à faire qu'à l'amitié des deux jeunes filles, que M. Jaricot faisait de très larges concessions de prix.

Pour une œuvre d'éducation, il fallait chez une directrice beaucoup d'instruction et une grande expérience ; il lui fallait encore des collaboratrices et des auxiliaires compétentes, où les trouver ?

Claudine Thévenet était assurément une femme très intelligente, mais il faut avouer qu'à cause des circonstances, son instruction avait été fort négligée et qu'elle n'avait pas reçu la formation d'éducatrice et de directrice de pensionnat.

Le don et l'art du gouvernement étaient innés chez elle, mais il fallait encore autre chose.

En outre, pour une œuvre de ce genre, il était sage, prudent, que des personnes vouées à la vie religieuse s'y consacrassent tout entières, dans le détachement du monde et son complet renoncement. Claudine avait en germe toutes les qualités de la religieuse, mais pour cela, elle n'avait pas reçu encore la formation ; elle avait la vocation, mais n'avait pas contracté les engagements de la vie religieuse.

Elle avait besoin de femmes qui, avec elle, fissent les vœux de religion dans le but de se vouer à l'éducation de la jeunesse, mais comment les recruter ?

Le Père Coindre avait été pour elle un conseiller

FIG. 9. — Maison de Jésus-Marie, à Fourvière.

sûr et prudent ; quand l'œuvre fut bien orientée, il continua ses missions d'apôtre prédicateur dans un certain nombre de diocèses de France, où il eut de grands succès.

L'évêque de Blois eut l'heureuse pensée de l'attirer à lui et de se l'attacher en qualité de vicaire général et de supérieur du grand séminaire. C'est à Blois que le Père Coindre mourut.

Il serait sans doute intéressant de raconter comment la Providence fournit pour ainsi dire miraculeusement à la fondatrice de la Congrégation de Jésus-Marie, peu à peu, lentement, successivement, toujours à propos, au milieu parfois de difficultés inouïes et d'embarras de toutes sortes, les moyens de réaliser l'œuvre qu'elle avait en vue pour la gloire de Dieu. On peut dire : le doigt de Dieu était là. *Digitus Dei est hic.* Elle lui fournit le moyen de se préparer dans une ville voisine à la vie religieuse et d'étudier soigneusement les règles qui convenaient le mieux au but qu'elle devait poursuivre dans l'éducation de la jeunesse.

Une religieuse de Jésus-Marie a raconté avec clarté, ordre et méthode, et non sans agrément, les origines, les développements et les vicissitudes de la fondation.

Nous avons lu ce livre avec plaisir et édification.

Nous n'avons pas à raconter comment la Congrégation, bénie et fortement constituée, essaima de Lyon, d'abord dans la Haute-Loire, dans le Velay, et aux Indes.

Aujourd'hui, elle a des maisons en Italie, en Espagne, en Angleterre, aux Indes, nous venons de le dire, et ailleurs.

Son noviciat est à Rome. Chassée de France, ses rameaux, plantés ailleurs, ont germé peu à peu. Ce ne sont plus des arbrisseaux, ni des arbustes, mais des arbres qui produisent fleurs et fruits.

Nous nous sommes borné à donner quelques renseignements sommaires, mais suffisants, pour renseigner les pèlerins sur la destination des grands immeubles qu'ils voient, en sortant de la Basilique.

Claudine Thévenet, en religion Mère Ignace, a été une belle fleur de Fourvière. Sa devise comme celle de saint Ignace, fondateur de la Compagnie de Jésus était : *ad majorem Dei gloriam*, pour la plus grande gloire de Dieu.

Fig. 10. — Portrait de saint François Régis.

CHAPITRE V

La Révérende Mère Thérèse,
Fondatrice du Cénacle ou de la Retraite.

Une autre belle fleur de Fourvière, est la Mère
Thérèse ; elle n'a pas fondé ici son œuvre, mais elle
a vécu longtemps à l'ombre de notre Sanctuaire,
elle y a passé les dernières années de sa vie, y est
morte en odeur de sainteté.

Son corps repose à La Louvesc, berceau de la
Congrégation, tout près du grand saint du Vivarais,
saint François Régis.

C'est grâce à son inspiration et à sa protection
qu'elle a commencé et accompli sa belle œuvre, c'est
pourquoi nous avons placé en tête de ce chapitre,
le portrait du saint.

En face de l'Archevêché, au N° 3 de la place, on
aperçoit un grand bâtiment rectangulaire, de bonne
architecture, de bon goût, à l'aspect un peu sévère,
en harmonie avec sa primitive destination.

Il est borné à ses extrémités par deux sortes de
pyramides quadrangulaires, avec pavillon.

Jadis, des religieuses vouées au culte de la prière,
dans le recueillement et la solitude, se livraient aux
saints exercices de la vie contemplative.

Toutefois, elles s'occupaient encore d'œuvres de charité spirituelle, des retraites : elles donnaient l'hospitalité à des personnes du monde qui venaient retremper leur piété dans les exercices salutaires de la retraite.

Ces personnes trouvaient là des secours abondants pour faire cet exercice si avantageux à l'âme.

L'Esprit-Saint dit qu'un des grands maux de la vie — qu'il appelle une désolation — *desolatione desolata est terra quia nemo est qui recogitet corde* — c'est qu'on ne réfléchit pas, qu'on ne médite pas sur ses fins dernières.

Dans la solitude, l'air est plus pur, *aer purior*, l'horizon plus vaste, *cœlum apertius*, Dieu plus près de nous, *Deus familiarior*.

L'âme dans la retraite se dilate et se purifie ; puis se recueille, se replie sur elle-même, s'oriente ensuite vers l'avenir.

La réforme intérieure, l'amendement spirituel se font dans la retraite mieux qu'ailleurs, l'examen particulier demande du calme et de l'attention.

On prie mieux dans la solitude ; les bruits du dehors ne parviennent pas jusqu'à l'âme.

Je me rappelle avoir lu, à la Grande-Chartreuse, sur la cellule d'un pieux cénobite, ces paroles : *O solitudo ! O sola beatitudo !* O solitude, vous faites seule mon bonheur.

Cette maison de retraite est devenue aujourd'hui

une maison de famille ; pendant la guerre, il y avait aussi un hôpital auxiliaire.

Les religieuses ont été dispersées aux quatre vents du Ciel, comme les feuilles que l'ouragan emporte.

Le lecteur nous saura gré de lui faire connaître brièvement les origines de cette excellente Congrégation.

Un saint prêtre, curé d'une petite paroisse du diocèse de Viviers, qui embrassa plus tard la carrière de missionnaire, avait été frappé de la nécessité de donner une instruction chrétienne solide aux femmes de la campagne.

L'ignorance religieuse était alors très grande : la Révolution avait fait table rase de tout, et dans les Cévennes, où les protestants étaient très influents, pour faire revivre la foi dans le pays, il fallait des femmes fortement chrétiennes.

Une mère de famille, bien instruite et vertueuse, sait bien élever ses enfants.

Il fallait donc de bonnes institutrices dans les campagnes.

Plein de cette idée, cet excellent prêtre demandait à Dieu, dans la prière, comment il pourrait réaliser son pieux projet de donner de bonnes institutrices au diocèse.

La prière bien faite et puissante, les larmes, obtiennent tout de Dieu.

Le bon prêtre discerna trois jeunes filles qui lui

parurent aptes à son dessein : il reconnut en elles
des marques sérieuses de vocation religieuse; parmi
les trois, il en distingua une surtout, Thérèse Couderc, qui était particulièrement bien douée.

Elle était non seulement très pieuse, mais elle
avait une intelligence déliée et vive, un jugement
sain, une volonté énergique, le don de se faire obéir
et aimer, l'art de se servir des circonstances à propos, un véritable savoir-faire.

Elle était prédestinée pour être un jour supérieure.

L'abbé Terme se mit donc à la besogne: après avoir
choisi d'abord les trois jeunes filles qui formèrent le
premier noyau de sa Congrégation, il en recruta
d'autres peu à peu et les forma; d'autres vocations
s'ajoutèrent et déjà le *pusillus grex* de l'Evangile
était devenu un beau troupeau, le troupeau des
brebis consacrées au Seigneur.

L'abbé Terme, malheureusement, avait une santé
précaire : après une vie bien remplie, il mourut à
La Louvesc, âgé de 43 ans.

Les derniers jours de sa vie furent assombris par
les préoccupations douloureuses qu'il avait sur l'avenir de la Congrégation qu'il avait fondée ; il était
dans de véritables angoisses.

Il pria, il supplia les Pères de la Compagnie de
Jésus de ne pas abandonner une œuvre certainement
chère à saint François Régis.

FIG. 11. — Basilique de La Louvesc.

La situation de la Congrégation était alors très gênée, bien des choses rendaient encore son existence presque problématique, cependant l'abbé Terme ou plutôt le Père Terme — car il me semble qu'il était entré à la fin de sa vie dans la Compagnie de Jésus — eut la consolation de voir sa demande agréée.

Du haut du ciel, avec saint François Régis, il protégea la Congrégation naissante : elle prit dès lors un bel essor.

Le R. P. Longhaye, dans sa Vie de la Mère Thérèse, et M. Joseph Vianey, doyen de la Faculté des Lettres de Montpellier, dans son admirable Vie de saint François Régis, ont raconté comment la Congrégation s'était divisée en deux branches, complètement séparées : l'une, réalisant le but primitif du fondateur, de se vouer uniquement à l'enseignement ; cette branche porta le nom de Sœurs de Saint-François-Régis, et fonda un grand nombre d'écoles dans le diocèse de Viviers, y fit un bien immense ; la seconde branche, devenue contemplative, s'occupa d'abord de l'œuvre des retraites et tout d'abord à La Louvesc, où beaucoup de personnes se rendaient en pèlerinage et voulaient passer dans la solitude d'un couvent les jours bénis d'une retraite.

Son champ d'action s'étendit peu à peu plus tard dans des proportions considérables, à tel point que Thérèse Couderc, cette humble et pauvre enfant du

Vivarais, vit son œuvre se développer en France et à l'étranger.

La plupart des jeunes filles qui entraient dans son Ordre n'étaient plus alors des paysannes et des villageoises, mais des jeunes filles de la société, de la bourgeoisie et de l'aristocratie.

Comme les desseins de Dieu sont impénétrables ! Dans l'ordre de la nature, les plus grandes choses ont des origines modestes. Aux glaciers de la Furka, le Rhône n'est qu'une source, semblable à un filet d'eau : j'exagère un peu, je l'avoue ; à Lyon, il est un fleuve large et rapide ; au Gerbier-des-Joncs, dans les Cévennes, la Loire est aussi un filet d'eau ; à Tours et à Nantes, elle roule ses eaux entre de vastes rives.

Le gland est petit ; à peine sortie de terre, sa tige s'élève et nous admirons dans la forêt le chêne à la puissante ramure.

Qu'est l'homme lui-même à sa naissance ? un petit être chétif.

Dans l'ordre de la grâce, de petits commencements sont aussi suivis de grands développements.

C'est ainsi qu'en tout, Dieu révèle sa puissance, il se sert de rien pour faire beaucoup.

C'est en 1842 que la maison de Fourvière se fondait ; celle de Paris en 1850, et devenait la Maison-Mère.

La Congrégation était née en un petit village du Vivarais et elle florissait à Paris. Un noviciat s'établissait à Versailles.

Le Cénacle ou la Retraite prenait un essor rapide en Italie, en Angleterre, en Belgique, en Hollande, et en Suisse, à Fribourg.

Après la fermeture des maisons de France, lors des fameux décrets contre les Congrégations, l'Ordre comptait dix-huit maisons à l'étranger.

Le cardinal Guibert, qui, évêque de Viviers, avait apprécié en parfaite connaissance de cause le bien que cette Congrégation faisait et était appelée à faire, fut pour elle un puissant ami et protecteur, un insigne bienfaiteur.

Il la signala à l'attention du Saint-Siège, la lui recommanda chaudement.

Le 10 mars 1863, un bref de louange fut décerné à la Société, le décret d'approbation porte la date du 23 juillet 1880.

Le pape Léon XIII, dans un Bref très laudatif, rendait hommage à la Société de la Retraite et la prenait sous sa souveraine protection.

La Mère Thérèse, trop âgée, s'était démise de sa charge et était venue passer ici, à Fourvière, les dernières années de sa vie, comme simple religieuse; elle avait droit à jouir d'un repos bien mérité, entourée de la vénération de ses filles.

Plus elle approchait de sa fin, plus son âme s'élevait vers les choses de l'éternité, oubliant celles du temps.

Douce, humble, obéissante, elle était comme abîmée dans le recueillement de la prière continuelle.

Elle rendit le dernier soupir le 26 septembre 1881, âgée de plus de quatre-vingts ans.

Au dernier moment, ses yeux s'ouvrirent et s'arrêtèrent sur une image de la Sainte Vierge; ils contemplaient Notre-Dame et étaient remplis d'un céleste éclat.

A la même heure, son frère, curé du diocèse de Viviers, la vit monter au ciel comme environnée de lumière.

Le corps de la vénérée Mère Thérèse fut transporté à La Louvesc, berceau de l'institution, tout près du tombeau de saint François Régis et de celui du saint fondateur, l'abbé Terme, qui avait discerné sa vocation.

Tous deux ont leur mémoire en vénération dans la Société, qui les unit étroitement à la grande œuvre accomplie.

Si elle ne peut, conformément aux règles de l'Eglise, leur rendre un culte public, elle les invoque du moins en particulier et avec ferveur.

Des grâces nombreuses, des conversions et guérisons ont été obtenues, croit-on, et avec de graves raisons, par l'intercession de Mère Thérèse. Le dossier du procès canonique se forme et grossira sans doute.

Les mots de Cénacle et de Retraite donnent à penser que les religieuses sont uniquement contemplatives, comme les Carmélites; il n'en est rien.

Contemplatives, oui, elles le sont, mais elles ont un ministère qui les met en rapport avec des personnes du dehors.

Elles préparent à la première Communion de pauvres enfants abandonnés dont on n'a pu s'occuper.

Elles reçoivent des jeunes filles, généralement ou du moins le plus souvent vouées à l'éducation, qui tiennent chez elles des réunions et viennent vaquer aux exercices de la retraite.

Je me rappelle avoir visité, avec vif intérêt, à Fribourg, la maison du Cénacle : des jeunes filles, qui suivent des cours supérieurs de l'Université, ont coutume de s'y rendre. Elles y trouvent des conseils sûrs, auprès d'excellentes directrices qui leur sont très dévouées.

Espérons que, maintenant, instruits par les événements, par les malheurs épouvantables subis, les gouvernants ne verront pas des ennemis dans des Français et des Françaises, parce qu'ils font profession de foi religieuse.

Nos religieux français ont montré, sur les champs de bataille et ailleurs, qu'ils valaient bien les autres.

Plus d'ostracisme !

CHAPITRE VI

M. le Chanoine Caille.

Il est le fondateur de la Providence qui porte son
nom. Elle est située au sommet de la rue des Anges,
tout près de la tour Eiffel, en face de l'entrée du funiculaire Saint-Paul.

Là est un site d'où l'on jouit d'un merveilleux
panorama que pèlerins et touristes ne se lassent
pas d'admirer.

Au premier plan, un peu à gauche, le coteau de
Loyasse; au printemps, il est ravissant, quand les
arbres sont en fleurs.

A droite, la colline des Chartreux. Le dôme de
Saint-Bruno s'enlève dans les airs avec majesté.

Au bas, la Saône dessine ses courbes élé-
gantes.

Devant soi, au nord, on a le Mont Cindre et les
gracieux villages de Saint-Cyr-au-Mont-d'Or et de
Saint-Didier, où abondent les jardins et les fleurs,
gloire de l'horticulture lyonnaise.

Plus à gauche, les monts du Lyonnais, envelop-
pés d'une buée bleue.

Le chanoine Caille a été un insigne bienfaiteur de

Fourvière. Sa mémoire y sera toujours gardée avec honneur.

Son frère, l'abbé Antoine, légua au clergé lyonnais une concession perpétuelle à Loyasse, bien connue sous le nom de cimetière des prêtres.

Nous parlerons surtout du premier, qui a vécu ici, et à qui nous devons beaucoup, parce que les enfants de la Providence sont les petits clercs de Fourvière, et leur concours nous est précieux.

Le chanoine Caille n'est pas né à Lyon, ni dans le diocèse, mais en Savoie, à Puisgros, dans le canton de Chambéry, le 9 août 1760. Ses parents étaient de bons et honnêtes cultivateurs, avec les traditions et les mœurs chrétiennes qui s'étaient transmises de génération en génération dans la famille.

De très bonne heure, à l'âge de 4 ans et demi, il vint à Lyon, confié à la tendre sollicitude de son oncle maternel, chanoine de la Collégiale de Saint-Just.

L'oncle eut pour son neveu une affection de père ; il l'éleva avec le plus grand soin.

Celui-ci fit honneur à l'éducation qui lui était donnée.

C'était un enfant sérieux, réfléchi et studieux, plein de bon sens et de piété.

Il aimait beaucoup le travail, et faisait toute chose avec conscience par amour du devoir et esprit de foi.

FIG. 12. — M. le chanoine Caille, fondateur de la Providence.

Après avoir achevé ses études qui furent excellentes, il se prépara à la réception des saints ordres.

Le sacerdoce avec sa vie de dévouement l'attirait.

Il fut lévite modèle, faisant toute chose avec soin; il reçut la prêtrise avec de grands sentiments d'humilité, de reconnaissance et d'amour, et prit la résolution de devenir chaque jour de plus en plus vrai ministre de Dieu.

Son attrait le portait vers l'éducation des enfants.

Il avait le goût et les aptitudes de l'éducateur.

Pour être un bon éducateur, il faut bien des qualités, on l'a dit, c'est l'art des arts que celui de diriger les âmes.

On attribue à Philippe de Macédoine, père d'Alexandre le Grand, cette parole mémorable : « Je ne suis pas tant heureux d'avoir un fils, que de vivre en un temps où je peux le confier à un précepteur tel qu'Aristote. »

Grâce à la protection de son oncle, et surtout à l'estime qu'on avait de lui, il devint directeur des clercs de la Collégiale de Saint-Just.

Il s'acquittait de cet emploi honorable à la satisfaction de tous.

Mais voici que de graves événements survinrent : l'édifice social trembla sur ses bases et s'effondra.

La Révolution fit table rase des antiques institutions.

Après la Constituante de 1789, la Convention et la Terreur sévirent.

Nulle ville de France ne fut plus éprouvée que Lyon.

Nous n'avons pas à raconter le siège qu'elle subit, ni les massacres qui s'y firent après la prise de la ville.

L'abbé Caille, né en Savoie, et la Savoie n'appartenant pas alors à la France, s'y rendit.

Un certain nombre d'émigrés s'y rendirent aussi ; toutefois, à cause de la proximité de la frontière, ils ne s'y sentaient pas en sûreté.

L'abbé Caille avait plus de trente ans.

Que fit-il ? je ne saurais le dire.

Il est permis de penser qu'il y trouva l'occasion d'exercer son talent d'éducateur auprès d'enfants de familles du pays, ou de familles françaises qui s'y étaient réfugiées.

Après les mauvais jours, avec Napoléon, la paix intérieure revint en France ; il fallut en quelque sorte refaire la société, bien que les guerres continuelles ne permissent guère de vaquer aux travaux de la réorganisation sociale.

L'abbé Caille revint à Lyon.

Plusieurs familles furent désireuses d'avoir pour leurs fils, dont l'instruction avait été fort négligée, un maître capable de la leur donner.

L'abbé Caille fut l'homme de la situation.

Il avait tout ce qu'il fallait pour répondre aux désirs de ces familles distinguées : le savoir, le dévouement, le don d'inspirer la confiance et l'affection, et surtout l'art d'enseigner.

Il réussit parfaitement et fut récompensé généreusement.

Il résolut donc de fonder une institution, près de la ville, dans le calme, au bon air, en un site charmant, où les élèves pourraient s'occuper de leurs études en toute tranquillité.

Les élèves affluèrent : il en eut autant que sa maison pouvait en recevoir ; la réputation de l'institution s'étendit au loin.

Le bon abbé ne fut pas peu fier, quand le préfet du Rhône lui fit savoir qu'il serait heureux de montrer de chez lui, à Fourvière, en un endroit si bien situé, le panorama de Lyon à Madame la duchesse d'Angoulême, après son pèlerinage à la Madone.

Le chanoine Caille fit donc les honneurs de sa propriété à la duchesse, mais il eut un honneur bien plus grand encore quèlques années auparavant, et qu'il aimait à rappeler souvent, jusqu'aux derniers jours de sa vie.

Disons d'abord que la Chapelle de Fourvière avait été complètement dépouillée et dévastée pendant la Révolution, qu'elle était tombée ensuite dans des mains schismatiques.

L'occasion de la reprendre s'était offerte, car elle

allait être vendue aux enchères. Les religieuses de la Visitation étaient sur le point de l'acquérir, cu peut-être même l'avaient déjà acquise.

L'abbé Caille alla trouver l'archevêque, qui était le cardinal Fesch, oncle de Napoléon, pour lui faire comprendre que le célèbre pèlerinage devait appartenir, non pas à une congrégation, tant vénérable fût-elle, mais à la ville de Lyon et au diocèse. Le cardinal fut du même avis. Aussitôt, il autorisa l'abbé Caille à ouvrir une souscription publique à cet effet.

Elle fut, en effet, ouverte, et, en quelques jours, largement couverte.

Il se produisit un événement qui compte dans les chroniques religieuses de la ville de Lyon et qui est capital dans l'histoire de Fourvière.

A son retour de Paris, où il avait couronné empereur Napoléon, le pape Pie VII s'arrêta à Lyon, et le 19 avril 1805, monta à Fourvière pour présider à la réouverture du béni sanctuaire qui, enfin, serait rétabli dans sa primitive destination.

Le pape monta en carrosse jusqu'à l'Antiquaille, et à pied jusqu'à la demeure de la Patronne de la cité.

Il y célébra la Sainte Messe avec une grande ferveur, donna la communion à la plupart des assistants et enrichit le sanctuaire de précieuses faveurs spirituelles, entre autres d'une indulgence plénière à perpétuité, et susceptible d'être gagnée une fois tous les jours, pour ceux qui prieraient pour l'Etat et les œuvres religieuses de la ville de Lyon, pour les intentions qui sont inscrites dans le tableau placé à l'entrée de l'ancienne chapelle.

Le pape avait été instruit du zèle déployé par l'abbé Caille, pour l'acquisition de Fourvière.

Ce fut chez lui qu'il se rendit pour prendre une légère collation. Il jouit de la vue du beau panorama et bénit la ville, et en prenant congé de l'abbé Caille, après l'avoir remercié, lui dit qu'il s'était acquis un titre à la protection de la Sainte Vierge.

Nous faisons le vœu qu'un jour un beau monument s'élève à Fourvière, qui rappelle le grand événement que nous venons de rappeler : Pie VII montant à Fourvière, présidant la réouverture du vénéré sanctuaire et lui octroyant de précieuses indulgences.

Mais il est temps de parler de l'œuvre du chanoine Caille, la fondation de la Providence, qui lui donne droit à la reconnaissance publique.

Le bon chanoine avait toujours été un administrateur habile, sage et économe.

Il ne gaspillait pas ses ressources, il s'en faut, mais les utilisait de son mieux.

Il avait donc, après un long et dur labeur, fait de belles économies.

Les familles aisées et riches l'avaient généreusement récompensé, et il avait fait valoir son argent sans jamais spéculer.

Ce n'était pas pour la terre que le bon chanoine avait thésaurisé, ni pour enrichir ses parents, mais pour faire du bien après sa mort à l'enfance pauvre et abandonnée, pour des orphelins.

La Sainte Écriture dit : *beatus qui intelligit super egenum et pauperem*, heureux celui qui comprend l'indigent et le pauvre. M. Caille avait cette intelligence à un haut degré.

Il réfléchissait depuis longtemps comment il pourrait faire profiter les enfants pauvres de l'argent qu'il avait gagné avec les riches.

Enfin, quand il eut bien réfléchi et arrêté dans son esprit toutes ses dispositions, il fit son testament, laissant à sa famille une part bien modeste de son avoir, le consacrant presque tout à son œuvre.

Grâce à l'obligeance de M. le directeur de la Providence, M. Besson, j'ai pu prendre communication d'une copie du testament du vénérable et charitable chanoine, et j'ai pu constater avec quelle sagesse et discrétion il avait disposé de toute chose.

Je ferai connaître seulement quelques-unes des dernières dispositions prises par le chanoine Caille.

Son testament fut déposé, le 1er juillet 1844, dans les minutes de Me Ducruet.

Il était tout entier écrit de la main du bon chanoine. Il est long, mais clair et précis et sans un mot de trop.

Il porte la marque d'un esprit soigneux et prévoyant, qui ne veut rien laisser au hasard, afin que son œuvre continue dans les meilleures conditions.

Pour cela, le chanoine Caille lui donne une forte organisation. A cet effet, il constitue un conseil d'administration qui se compose de cinq catholiques lyonnais notables, sous la présidence de Mgr l'Archevêque et du maire de Lyon.

Il indique quels seront les enfants appelés à bénéficier de la fondation.

Ce seront des enfants de Lyon et des faubourgs.

Comme il était très versé dans les choses de la pédagogie, il trace lui-même le règlement des études.

Ces enfants devront recevoir une instruction élémentaire sérieuse qui les préparera à embrasser des métiers où ils gagneront honorablement leur vie.

Il met à la base de leur instruction la formation morale par la religion.

Il demande qu'ils soient instruits complètement dans la doctrine chrétienne, afin de vivre en bons chrétiens, et, au besoin, de savoir défendre leur religion. Il ne s'oublie pas lui-même, il pense à ses intérêts spirituels, au compte qu'il devra rendre à Dieu pour sa longue vie ; la parole du Christ : *redde mihi rationem villicationis tuæ*, il ne l'a pas oubliée ; il fait pour cela appel à sa miséricorde par la prière des enfants, des enfants orphelins qui seront ses obligés, prières à l'efficacité desquelles il croit et il demande en outre un service anniversaire pour le repos de son âme.

Le lecteur nous pardonnera de faire connaître quelques autres particularités de ce testament.

En plus des cinq catholiques notables dont nous avons parlé, le Conseil d'administration devait comprendre Messieurs les curés de Saint-Just, Saint-Paul, Saint-Jean, Saint-Irénée et de Vaise.

Ces dix personnes étaient chargées de l'exécution du testament.

Deux ans leur étaient donnés pour mettre sur pied la Providence, faute de quoi, tous les biens devaient revenir à l'Archevêque de Chambéry, qu'il instituait, dans ce cas, son légataire universel, à partir de son décès, qui survint le 23 janvier 1841.

Le 15 février de la même année, les scellés furent levés à la requête des exécuteurs testamentaires, et on procéda à l'inventaire qui donna une somme fort respectable, si l'on tient compte de la valeur de l'argent à cette époque. Voici l'actif :

1º Meubles estimés.................... 8.850 fr.

2º Argent comptant.................... 33.071 fr.

3º En obligations..................... 8.000 fr.

4º Maison, quai de Bondy, 60......... 125.000 fr.

5º La propriété de Fourvière.

Il laissait en plus deux domaines à ses neveux.

Tout compte fait, le capital montait en tout à la somme de 350.000 francs environ.

Mais il fallait défalquer de cette somme le passif suivant :

1º Menus dons détaillés............... 7.088 fr.
2º Frais divers, droits et inhumation. . 31.088 fr.
3º Legs à divers .... 56.241 fr.

Le 1er juillet 1844, les exécuteurs testamentaires mis en possession des biens, se mirent à la besogne pour réaliser les intentions du charitable chanoine.

Avant de penser au recrutement des enfants bénéficiaires, ils pensèrent d'abord à trouver des maîtres à qui ils pourraient en toute confiance les donner.

La Providence leur vint en aide, voici comment : Un vicaire de la paroisse de La Valla (Loire), située au pied du Pilat, près de Saint-Chamond, le Vénérable Père Champagnat, certainement inspiré par l'Esprit de Dieu, dans le but de donner des instituteurs chrétiens aux enfants de la campagne, à peu près abandonnés alors à l'ignorance, avait eu l'excellente idée de fonder une petite Congrégation de Frères, à l'instar des Frères de la Doctrine chrétienne.

Le bon Dieu bénit ses saintes intentions.

Après des débuts fort modestes, et des difficultés

sans nombre, il avait pu jeter, en 1817, les bases de son institution à l'Hermitage, entre La Valla et Saint-Chamond.

Le Vénérable naquit à Marlhes, le 20 mai 1789 : il avait donc seulement 28 ans. Son Institut prospéra au-delà de toute espérance. En 1903, l'annuaire de la Société comptait, dans le seul diocèse de Lyon, 114 établissements, avec des pensionnats florissants, et de nombreuses maisons tant en France qu'à l'étranger, en Espagne, en Italie, en Angleterre, en Irlande, aux Etats-Unis, et même en Chine et au Japon.

Fig. 13. — Le Vénérable Père Champagnat, Fondateur des Frères Maristes.

En 1917, l'institution a célébré son Centenaire. Hélas ! la persécution a détruit ses nombreuses maisons en France.

La Maison-Mère de l'Hermitage, établie à Saint-Genis-Laval, près Lyon, dut se réfugier en Italie.

FIG. 14. — Notre-Dame de Fourvière. Groupe de Petits Clercs.

Toutefois, ce Centenaire a été comme un jour de triomphe dans le deuil des événements.

Le pape Benoît XV a rendu à la Société un solennel et bel hommage pour les services signalés qu'elle a rendus à l'enseignement chrétien et qu'elle lui rend encore.

Ce fut donc à ces maîtres populaires que les administrateurs de la Providence firent appel ; il fut entendu par les supérieurs.

Le choix était bon, les Maristes ont répondu aux intentions du fondateur.

Ces enfants de la Providence vivent à l'ombre du sanctuaire de la Madone aimée, et qui les aime d'un amour de prédilection, car ils sont attachés à son service.

Ils servent les messes, chantent ses louanges à la grand'messe et aux vêpres ; par là ils se créent des titres spéciaux à sa protection, maintenant et pour le reste de leur vie.

On s'occupe, à leur sortie de la maison, de leur trouver un emploi chez de bons chrétiens, où ils seront à l'abri des dangers.

Hélas ! qu'il est triste pour un enfant d'être privé des secours et des joies de la famille ! mais le Seigneur est le père de l'orphelin et il n'abandonne jamais ceux qui se confient à Lui, l'aiment et le servent.

CHAPITRE VII

Orphelinat des Sœurs de Saint-Joseph.

A la suite de l'immeuble du Cénacle, rue du Juge-de-Paix, au numéro 8, à l'angle de la rue Cléberg, se trouve la Providence des Sœurs de Saint-Joseph.

Nous lui devons une mention spéciale, parce que les orphelines, comme les orphelins de la Providence Caille, ont des liens étroits avec le pèlerinage.

Comme les garçons, elles chantent les louanges de la Vierge Immaculée.

Elles forment le chœur des chanteuses de Fourvière, sous la direction de Sœurs habiles musiciennes.

Elles chantent aux réunions de l'Archiconfrérie, les dimanches et fêtes, et tous les jours du mois de Marie. Pendant la guerre, à la messe des soldats, à 7 h. ½, et en d'autres circonstances, elles venaient chanter tous les jours la Reine des batailles.

Sur le plateau de Fourvière, le vent souffle souvent et fort en hiver; c'est parfois une bise glaciale. En 1917, le froid fut rigoureux et prolongé; pour des enfants, des jeunes filles qui ont parfois la santé et la gorge délicates, dont les cordes vocales se fatiguent à force de chanter, cela est assez dur.

Il leur a fallu plus d'une fois chanter à des heures

Fig. 15. — La Mère Saint-Jean,
Fondatrice des Sœurs de Saint-Joseph de Lyon.

rapprochées d'exercices ; oui, tout cela est pénible et fort méritoire ; la maison n'est pas très éloignée, elle n'est cependant pas sur la place.

La Sainte Vierge les récompensera magnifiquement un jour.

Les chants de la liturgie, bien exécutés, sont de nature à élever l'âme vers Dieu.

Les cantiques dans la langue maternelle, pour beaucoup, ont plus de charme parce qu'ils les comprennent mieux.

Il en est de si beaux ! Les cantiques de Noël, naïfs, pleins de grâce et de naïveté, de fraîcheur, pittoresques aussi, sont touchants, délicieux.

Les cantiques de pénitence en temps de Carême, ont des élans puissants de repentir :

> Reviens, pécheur, à ton Dieu qui t'appelle,
> Reviens à Lui, puisqu'Il revient à toi.

Certains cantiques aux airs populaires remuent le cœur et le touchent profondément. Dans le recueil des cantiques, il en est en l'honneur de la Sainte Eucharistie et du Sacré-Cœur qu'on ne se lasse pas d'entendre.

Les plus nombreux sont en l'honneur de la Sainte Vierge ; en général, ils sont entraînants, pleins d'amour filial envers Elle : ils exaltent sa bonté, sa miséricorde, sa puissance, ses perfections. Quelques-uns rappellent le psaume *super Flumina Babylonis*, les soupirs de l'âme en ce lieu d'exil, où souvent le mérite est méconnu, et où le vice triomphe.

Ces cantiques détachent des pensées de la terre et font monter l'âme vers la Jérusalem céleste, la sainte Sion.

Les enfants s'occupent avec les bonnes Sœurs, leurs maîtresses, du linge de la sacristie. La besogne ne manque pas ; les prêtres qui disent la sainte messe à Fourvière sont nombreux : aubes, surplis, purificatoires, amicts, avec les nappes d'autel, tout cela demande un entretien continuel.

Les Sœurs de l'orphelinat sont diocésaines, mais elles ont de nombreuses maisons en dehors du diocèse, et même en pays de mission.

La persécution les a obligées d'aller au loin : on a fermé leurs maisons en France et elles en ont ouvert ailleurs. *Verbum Dei non est alligatum :* la parole de Dieu n'est pas enchaînée.

Il arrive donc que ce qui a été un dessein malveillant et perfide, devient, par la permission de Dieu, un grand bien pour un bon nombre d'âmes.

La Fondatrice des Sœurs de la Congrégation des Sœurs de Saint-Joseph s'appelait, dans le monde, Jeanne Fonbonne.

Elle était née à Bas-en-Basset, au diocèse du Puy.

Elle donna, pendant les jours de la Révolution, des preuves héroïques de sa foi : nous n'avons pas à les dire ici.

Après les mauvais jours, elle résolut de se donner à Dieu dans la vie religieuse.

Elle y fit de grands progrès et montra pour l'enseignement des aptitudes peu ordinaires.

Elle fonda à Saint-Etienne, en rue Mi-Carême, une maison pour jeunes filles qui prospéra rapidement.

Ses succès attirèrent l'attention de l'autorité diocésaine qui lui demanda de venir à Lyon, à la Croix-Rousse, avec la mission de former des religieuses à l'œuvre de l'éducation de la jeunesse, qui était urgente.

Pour fonder cette maison, la Maison-Mère des Sœurs Saint-Joseph, elle eut à surmonter des difficultés incroyables : il semblait qu'elle n'en viendrait jamais à bout.

Devenue Supérieure générale, sous le nom de Mère Saint-Jean, elle acquit sur toutes les Sœurs une autorité entière, faite de prudence et de douceur, qui lui gagna tous les cœurs.

Mais, après des années d'un travail écrasant, elle eut besoin d'une aide : elle en trouva une de premier ordre dans la personne de Mlle Tézenas du Montcel, femme supérieure, qui appartenait à une excellente famille de Saint-Etienne. En religion, elle prit le nom de Mère du Sacré-Cœur.

Elle fut pour la Mère Saint-Jean une collaboratrice de premier choix, et, quand cette dernière se désista de ses fonctions, elle devint à son tour Supérieure générale et donna à la Congrégation une telle extension et prit des mesures si heureuses, qu'on l'a toujours considérée comme la seconde Fondatrice.

L'Orphelinat des Sœurs de Saint-Joseph, à Fourvière, donne au clergé un concours précieux, et nous lui en sommes bien reconnaissants.

CHAPITRE VIII

Hospice de la Croix ou Calvaire des hommes.

C'est tout d'abord une œuvre de miséricorde corporelle de premier ordre, mais en même temps de miséricorde spirituelle.

Elle avait avant la guerre une raison d'être capitale; on peut dire qu'après la guerre, cette maison est plus nécessaire que jamais.

Des maisons comme celles-là sont rares, on peut même dire trop rares.

Elle fut fondée le beau jour de la fête de l'Immaculée-Conception, le 8 décembre 1878, sous le haut patronage du Cardinal Caverot.

Elle est située au numéro 8 de la rue du Juge-de-Paix, presque en face de l'orphelinat dont nous venons de parler.

A la mort de sa dernière Directrice, Mlle Faurie, l'œuvre était réduite à un si piètre état qu'elle allait mourir d'inanition.

Une grande chrétienne, d'un cœur très charitable, fut émue de pitié et ne put se résigner à voir disparaître une œuvre de pareille importance. Elle mit sa confiance en Dieu et dans la Vierge immaculée, et dit: Me voici : *ecce ego, mitte me,* je suis là, je me consacre à faire vivre cette œuvre autant que je le pourrai.

Il y a dans cette maison des incurables, dont les plaies sont hideuses et dégoûtantes.

Les hôpitaux ne gardent pas les infirmes : ils ne sont pas faits pour cette destination.

Ils sont du reste encombrés, et ce n'est pas toujours très aisé d'y être admis, à moins de cas urgents.

Les familles sont dans un grand embarras pour placer des infirmes comme ceux qui sont reçus à l'Hospice de la Croix.

Malheureusement, la maison ne peut en recevoir en aussi grand nombre qu'elle voudrait, car la place est mesurée, et les besoins sont si grands !

L'entretien d'une maison de ce genre est très dispendieux ; il faut un personnel dévoué, désintéressé, mais, malgré tout, les frais sont considérables.

Les hôpitaux ont des immeubles, des rentes considérables ; l'Assistance publique dispose d'un budget formidable : dans ces conditions, on peut aller de l'avant et faire avec chances de succès des initiatives et des innovations.

Mais pour les œuvres dont tout le budget vient de la charité, il n'est pas facile de se livrer à des essais, alors qu'il s'agit tout simplement de vivre au jour le jour, comme on peut.

On a dépouillé les Congrégations religieuses de leurs biens, on a dépouillé l'Eglise des siens : il s'agit de trouver des ressources pour les écoles primaires, les Facultés catholiques, le Denier du Culte, la Propagation de la Foi et des Œuvres innombrables répandues sur tous les points du territoire.

Les conditions de l'existence sont, d'autre part, devenues difficiles ; la cherté de la vie est extrême, il y a des appréhensions multiples au sujet de l'avenir ; les finances de l'Etat, des départements, des communes, ayant été compromises par les événements, de lourds impôts deviennent obligatoires.

Les familles ont été terriblement éprouvées : que de pères de famille sont morts ! que d'hommes dont la vie était nécessaire pour nombre d'affaires commerciales et industrielles ne sont plus !

Toutes ces considérations n'ont pas empêché les hommes et les femmes que la beauté de cette œuvre a frappés, de s'en charger.

Ils ont formé alors un Conseil d'administration fort bien composé qui a pris l'affaire en mains.

Il y avait à la tête de ce Conseil un homme bien expérimenté, d'une générosité très grande, d'un dévouement absolu, dont la famille est bien connue dans notre ville, M. Joseph Jarrosson, conseiller général de Bourg-Argental, dans la Loire. Hélas ! en novembre 1918, une grippe infectieuse l'a enlevé à sa famille éplorée, et à des œuvres comme celle dont nous parlons, et à l'Œuvre de Fourvière ; il faisait partie de la Commission.

Voici les noms des administrateurs :

M. Joseph JARROSSON, *Président.*

M. Xavier RIMAUD, *Vice-Président.*

M. Charles MOUTERDE, *Secrétaire.*

M. Hippolyte BERTHAUD.

M. André DUC.

M. Joannès CLERC.

M. Antoine VIGNON.

Voici les noms du Conseil des Dames patronnesses :

Mme Veuve LEVRAT.

Mlle MOUTERDE, Directrice.

Mlle GIGNOUX, sous-directrice.

Mlle DE MAGNEVAL.

Mlle DE PRANDIÈRES.

Mlle GUIBAUD.

Mlle Anne-Marie BELLISSEN.

Mlle L. DE VARAX.

Mlle M.-Th. M'ROE.

Mlle DUMAREST.

Mlle PEYZERAT.

Mlle A. CHENEVAZ.

Mlle PAUTHE.

Mlle LIOGIER.

Un médecin bien connu pour sa science et sa charité est attaché à la maison.

Saint Joseph, j'ai entendu dire, a été constitué

économe et trésorier en chef de la maison, comme chez les Petites Sœurs des Pauvres. Il est certain qu'il a fait des merveilles, et qu'il est encore capable d'en faire, car sa puissance n'est pas épuisée, mais saint Joseph ne veut pas agir tout seul, et faire continuellement des miracles.

Il s'agit donc, pour les personnes riches ou même simplement aisées, malgré leurs charges, de s'intéresser à cette Œuvre qui, vraiment, mérite toutes les sympathies. Pourquoi les personnes qui le peuvent ne feraient-elles pas un versement annuel? Pourquoi ne fonderaient-elles même pas un lit? n'enverraient-elles pas des provisions utiles?

Elles connaissent la parole du Divin Maître : *Ce que vous ferez au plus petit d'entre les miens, c'est à moi-même que vous le ferez.* Ici, le bien que l'on fait est fait à de pauvres créatures qui ne sont plus que des loques humaines, comme des débris affreux, sans bras, ni jambes, aveugles parfois, avec un visage cancéreux qui fait peur à voir.

Qu'il est beau le dévouement de ces femmes chrétiennes qui pansent leurs plaies et leur adressent des paroles de consolation et de réconfort, les prient affectueusement, au nom du Christ crucifié, d'accepter sans murmure leurs terribles épreuves.

J'ai lu avec une émotion profonde, dans le dernier compte rendu, des récits de retour à Dieu, de véritables conversions de ces infortunés.

Des soldats mutilés et cancéreux sont partis de cette maison pour le ciel.

Il viendra d'autres malades qui recevront le même bienfait.

Je demande à la Sainte Vierge qu'elle bénisse ces quelques lignes, et que, parmi mes lecteurs, il se trouve des personnes charitables qui envoient à Mlle Mouterde, la Directrice, une belle offrande.

CHAPITRE IX

Madame Garnier, Fondatrice du Calvaire.

La Maison du Calvaire est au numéro 22 de la
rue du Juge-de-Paix : un vaste enclos précède les
corps du bâtiment ; la flèche svelte de la chapelle
s'aperçoit de loin.

C'est un emplacement excellent pour une œuvre
de ce genre, en bon air et en pleine indépendance,
avec belle vue sur les coteaux du Mont-d'Or.

Je vais brièvement faire connaître les origines et
le fonctionnement de cette œuvre admirable, où la
charité chrétienne se déploie d'héroïque façon.

M. le chanoine Routier, qui fut pendant de longues années Supérieur de la maison, m'en a parlé
avec un enthousiasme et une admiration qui allaient
toujours en croissant. C'est M. le chanoine Faugier,
Recteur de Fourvière, qui est son successeur : les
liens sont donc étroits entre la Madone de Fourvière et la maison de la souffrance. La Mère des
douleurs la protège certainement.

Nous avons emprunté ce que nous allons dire à
un livre consacré à la mémoire de Mme Garnier, Fondatrice du Calvaire, par un vénérable prêtre, M. le
chanoine Chaffanjon, qui fut longtemps aumônier

de la Maison, et qui la connaissait donc bien. Il est aussi l'auteur de ce beau livre : *Le Crucifix*, où tant d'âmes viennent encore puiser force et résignation.

Les vierges chrétiennes dans la primitive Eglise

Fig. 16. — Mme Garnier, fondatrice de l'Œuvre du Calvaire.

étaient grandement honorées : il y en a parmi elles de célèbres, qui accomplirent de grandes choses.

Les païens eux-mêmes comprenaient instinctivement la beauté de la virginité ; c'était à des vierges, aux Vestales, qu'ils confiaient la garde du feu sacré, et ils leur attribuaient de grands privilèges, mais leur virginité n'était pour elles que temporaire.

Si l'Eglise honorait les vierges, elle honorait également les veuves qui étaient des veuves, dans le sens que l'entendait saint Paul : *viduas honora*, disait-il, *quæ viduæ vere sunt* : honorons les veuves qui le sont véritablement.

Les veuves qui étaient diaconesses, remplissaient à l'égard des personnes de leur sexe le rôle des diacres vis-à-vis des hommes, sauf qu'elles n'avaient pas le caractère de l'ordination.

Plusieurs de ces veuves ont exercé une influence considérable dans l'Eglise ; elles lui ont rendu des services immenses : sainte Paule, par exemple, la correspondante de S. Jérôme, qui fonda un monastère à Bethléem.

L'impératrice sainte Hélène, veuve de Constance, mère de Constantin, a fait construire de nombreuses églises à Jérusalem, en Judée, et ailleurs.

Sans remonter aux temps anciens, plus près de nous, nous connaissons des veuves dont le zèle a produit des résultats merveilleux.

Louise de Marilhac, fondatrice des Sœurs de la Charité, dirigée par saint Vincent de Paul, a été une servante des pauvres éminente : ses œuvres sont immortelles.

Sainte Jeanne de Chantal, fondatrice avec saint François de Sales, de la Visitation, fut une veuve dont l'action surnaturelle fut prodigieuse, et cette action persévère chez ses filles.

On pourrait écrire de gros livres sur les œuvres entreprises pour la gloire de Dieu et le soulagement du prochain, au XIXe et au XXe siècle, par des veuves animées de l'esprit chrétien et, dans nos paroisses, comme Dames de miséricorde, comme patronnesses d'institutions charitables.

Leur viduité a été féconde : le bon Dieu l'á bénie en lui donnant des consolations et des joies très douces, des succès étonnants pour l'œuvre de la sanctification des orphelins, des vieillards, des jeunes filles exposées à tant de dangers, et de tant d'autres œuvres par la pratique de la charité et du dévouement chrétien.

Mme Garnier, mère de deux enfants, fut, à la mort de son époux, comme écrasée par son malheur, et quand ses deux enfants moururent ensuite, elle se sentit dans un état de grande prostration morale.

'La nature fut tout d'abord plus forte que ses sentiments chrétiens, en ce sens que, tout en ne doutant pas de la bonté de Dieu, et ne perdant pas confiance, elle considéra son existence désormais comme sans emploi et vouée à une douleur sans adoucissement.

Elle se ressaisit bientôt, s'adressa à la Consolatrice des affligées et confia l'état de son âme à un prêtre expérimenté.

Après avoir été heureuse pendant trois ans, dans

l'état de mariage, jeune encore, elle ne pouvait mener une vie inutile, et dans le découragement.

Le ministre du Seigneur la mit à l'école de Jésus Crucifié, et voici que, peu à peu, la paix rentra dans son âme.

Nous laissons la parole à son biographe :

« Elle prit le Crucifix dans les mains, s'essaya à gravir le Calvaire, en suivit toutes les routes ensanglantées, et fit au pied de la Croix des stations de plus en plus prolongées.

Dans ces sublimes entretiens du Calvaire, Jésus-Christ laissa toucher la frange de sa robe à cette femme ; une vertu sortit de lui : l'amour de la souffrance et des souffrants. »

Elle alla faire une retraite de huit jours à La Louvesc, pour demander à Dieu, dans le complet éloignement du monde et par l'intercession de saint François Régis, ce qu'Il voulait faire d'elle.

Elle entendit une voix intérieure qui lui dit de se dévouer pour les plus malheureux.

Voici comment elle répondit à la volonté divine. Nous citons encore son biographe :

« Un jour, on lui donne une adresse et on la prévient qu'il faut porter là une compassion plus qu'ordinaire.

Elle part sans hésiter, gravit, à la montée de la Glacière, les escaliers du numéro indiqué.

La porte, en s'entr'ouvrant, livre brusquement

passage à des exhalaisons telles que la visiteuse, quoique intrépide, recule de quelques pas.

Surmontant et sa surprise et sa répugnance, elle s'avance jusqu'au coin de ce pitoyable taudis.

Là gisait, sur des hardes amoncelées, un être humain dont la ruine était complète : le corps portait d'horribles stigmates.

Elle alla voir cette misérable créature tous les jours, lui prodiguant les soins les plus tendres et la fit placer dans un hôpital, où elle reçut tous les soins que réclamait son état.

Cette créature était une grande pécheresse.

Elle la convertit et eut la joie de la voir mourir dans les sentiments du plus vif repentir et d'un grand amour de Dieu. »

Dans sa visite aux malheureux, elle avait constaté que les personnes incurables étaient absolument délaissées : il n'y avait pas d'hôpitaux pour elles.

Elle résolut d'entreprendre quelque chose en leur faveur, en s'appuyant complètement sur la Providence.

A cet effet, elle loua à Saint-Irénée, dans la rue Vide-Bourse (nom prédestiné), un modeste local.

Elle débuta, la première année, par trois malades incurables : c'était déjà quelque chose, un petit commencement.

La seconde année, elle en avait dix-sept : le nombre s'était rapidement accru.

Peu à peu, l'Œuvre se fit connaître. On connaît son importance et aussi sa nécessité.

Il fallait une habitation plus grande et plus en rapport avec ce genre d'hospitalisation.

Mais où trouver l'argent? Où étaient les futurs bienfaiteurs?

Quand le bon Dieu veut une chose, il sait trouver les moyens de la réaliser, et cette Œuvre, il la voulait.

Mme Garnier s'adressa d'abord au clergé ; la chose est naturelle : le prêtre est l'intermédiaire établi entre le pauvre, le malheureux et le riche.

Elle s'adressa au R. P. Cholleton, Père Mariste, qui avait été vicaire général dans le diocèse de Lyon, et qui disposait d'une grande influence.

Il s'intéressa immédiatement à ses saints projets ; les Pères Jésuites lui donnèrent également leur concours.

M. Chaffanjon, biographe de Mme Garnier, fait une mention spéciale de M. l'abbé Moute, chanoine honoraire et chapelain de la cathédrale.

En possession d'une belle fortune, il la dépensa en faveur des pauvres, à tel point qu'il devint pauvre lui-même, et se vit obligé de chercher un refuge chez les prêtres hospitalisés à Vernaison.

Pendant vingt ans, il s'était dévoué au Calvaire.

Ces amis de la première heure ne sont pas oubliés encore au Calvaire : on a conservé religieusement leurs noms et leur mémoire y est en vénération.

La Maison de Saint-Irénée, berceau de l'Œuvre, était manifestement insuffisante : il en fallait une plus spacieuse. Mais où la trouver ?

Sur le plateau de Fourvière, au lieu dit la Sarra, il y avait une propriété admirablement située, qui était en vente, mais le prix en était élevé. Mme Garnier était à court d'argent ; cependant, il y avait urgence à ne pas laisser échapper cette occasion exceptionnelle.

Son saint de prédilection était saint Joseph. Elle le pria tant et si bien, elle fut si éloquente auprès du propriétaire dont la propriété était en vente, que celui-ci, très ému, et très frappé de l'importance de l'Œuvre, fit un rabais énorme de 30.000 francs.

Toutefois, la somme à trouver était encore considérable et les échéances de paiement assez rapprochées.

Nous faisons grâce au lecteur des démarches incessantes que dut faire Mme Garnier, mais, la propriété achetée, il y avait de grandes constructions à faire : entreprise difficile.

Mme Garnier avait bien des points d'appui, mais aussi une lourde charge : une Congrégation dispose de moyens plus puissants qu'une personne isolée.

Il fallut donc que Mme Garnier se dépensât à nouveau sans compter pour trouver des ressources;

elle frappa à bien des portes, on ne peut se faire une idée des soucis, des tracas, des difficultés qu'elle eut à surmonter : Dieu seul le sait.

Mais c'est ici le cas de dire : *Ce que femme veut, Dieu le veut.*

Elle eut la consolation de voir enfin son œuvre en possession de ce qu'il lui fallait pour subsister, mais sa santé était ruinée absolument ; elle était à bout de forces, et à l'âge de quarante-deux ans, elle mourut, faisant héroïquement le sacrifice de sa vie, pouvant dire son *nunc dimittis*, puisque son œuvre était fondée, et bien fondée.

Le nom de Mme Garnier doit être inscrit en lettres d'or dans les annales de la charité chrétienne.

Ce fut en 1842 que le cardinal de Bonald donna son autorisation : le Calvaire fut reconnu comme œuvre d'utilité publique, par un décret du 2 novembre 1862.

Dans un des derniers comptes rendus de l'Œuvre, nous avons lu ce qui suit sur l'organisation du Calvaire : son but et son fonctionnement sont clairement exposés.

1º Réunir en une grande famille les veuves chrétiennes désireuses de sanctifier pieusement leur deuil par la prière et la charité, et leur faire trouver dans l'exercice d'un apostolat spécial la vraie consolation.

2º A cette fin, créer des hospices pour recueillir

et soigner, en vue de Jésus-Christ, de pauvres femmes atteintes de plaies vives et incurables qui ne peuvent trouver place dans les hôpitaux, qu'on n'y garde pas, parce que leurs maladies sont sans remède.

Les malades sont admises gratuitement à l'Hospice du Calvaire ; la pauvreté et la souffrance y donnent droit, quelle que soit la religion.

Organisation. — Au-dedans de l'hospice, l'Œuvre se compose : 1º des Dames du Calvaire, dames veuves, sociétaires, résidant à l'hospice, qui se consacrent au soin des malades et au gouvernement de la maison, compensant, et au delà, par une pension, la dépense qu'elle y occasionnent.

2º Des filles du Calvaire, dont le dévouement est gratuit, et devient une sainte vocation, comme celle de nos sœurs de Charité.

Déclarées aptes après un an d'essai, les filles-infirmières ne sont plus renvoyées à cause d'infirmités, la maison les adopte pour enfants et pourvoit à tous leurs besoins.

3º Des veuves auxiliaires qui remplissent des emplois sous la direction des Dames résidantes, et partagent leur vie religieuse.

En dehors de l'hospice, il y a des Dames veuves agrégées.

Sans quitter le monde, elles donnent un concours actif aux œuvres de l'hospice et viennent aider aux pansements des malades.

Des Dames veuves zélatrices chargées de recueillir des cotisations annuelles, de placer des billets de loterie, complètent le nombre des associés et participent aux faveurs spirituelles de l'Œuvre.

On fait chaque jour le Chemin de Croix à l'hospice et toutes les prières sont offertes en faveur des associés et des bienfaiteurs de l'Œuvre.

Deux messes sont dites chaque semaine, l'une pour les bienfaiteurs décédés, l'autre pour ceux qui sont vivants.

Nous avons dit que M. le chanoine Faugier, Recteur de Fourvière, était Supérieur du Calvaire. M. l'abbé Roche en est l'aumônier.

Des conférences s'adressant spécialement aux veuves sont données par lui le dernier vendredi de chaque mois.

Elles ont lieu de novembre à fin avril, inclusivement, dans l'église de la Charité, à Bellecour.

Le cardinal Coullié s'écriait un jour : « Nous avons deux citadelles qui protègent Lyon : Fourvière et le Calvaire. »

CHAPITRE X

Petit Orphelinat des Sœurs de Fourvière.

Ce petit orphelinat est situé au numéro 17 de la rue du Juge-de-Paix, presque en face de la grande porte d'entrée du Calvaire.

Il est placé sous le vocable de Notre-Dame de Fourvière ; à ce titre, il nous est cher. Cette congrégation est petite, et n'est pas comparable, par le nombre, aux Sœurs Saint-Joseph et aux Sœurs Saint-Charles, mais son but d'élever de pauvres orphelines est absolument digne d'intérêt et se recommande aux sympathies de tous.

La Bruyère disait avec malice de certains couvents de son temps, qu'il fallait être riche pour être admise à faire le vœu de pauvreté. Ce n'est pas le cas ici.

Les bonnes Sœurs sont pauvres et sentent le poids de leur indigence pour les charges qui leur incombent, car, encore qu'on y vive de privations et d'économies, il faut vivre néanmoins, et la vie est devenue de plus en plus chère.

Les ressources sont précaires quand on ne possède pas de biens assurés, et qu'il faut vivre du produit de quêtes, compter sur la charité de personnes qui sont continuellement sollicitées à donner pour des œuvres de première importance.

Cette maison a eu un aumônier qui était un pèlerin de Fourvière des plus fervents : nous l'avons vu dans notre Basilique, peu avant sa mort, pouvant à peine se tenir debout ; c'est miracle qu'il ait pu venir jusque-là ! Bon Père Jamme, vous êtes assurément dans la céleste patrie depuis bien longtemps déjà : vous aimiez tant la Sainte Vierge ! A l'approche de la mort, votre âme était si calme, si sereine, si pleine de confiance !

Certainement, là-haut, vous continuez à vous intéresser à votre orphelinat qui vous était si cher.

Nous devons de la reconnaissance à son successeur, M. l'abbé Louis Grange, qui nous a rendu un grand service.

Lorsque notre organiste et maître de chapelle, M. l'abbé Joubert, fut mobilisé pendant tout le temps de la guerre et que M. Muller, organiste honoraire, mourut, M. Grange tint l'harmonium et l'orgue avec succès. Il est aumônier de Sœurs placées sous le patronage de Notre-Dame de Fourvière, il a acquis des droits à sa protection pour sa maison.

CHAPITRE XI

Le Carmel.

Il m'est doux de parler du Carmel, parce que j'ai fait le pèlerinage du Carmel, et que je me rappelle, avec reconnaissance, l'hospitalité que les Pères Carmes m'y ont donnée.

Au bas du Carmel, à Caïffa, il y a des Carmélites ; un prêtre lyonnais, mort il y a quelques années, M. l'abbé Roffat, y était aumônier, et les religieuses y étaient venues de Lyon.

J'ai eu encore l'avantage de visiter, à Avila, les deux couvents où a vécu sainte Thérèse, celui de l'Incarnation, et l'autre, placé sous le vocable de saint Joseph, dont elle a été une fervente et zélée disciple pour la vie intérieure : elle a contribué beaucoup à répandre sa dévotion et c'est en son honneur qu'elle a fondé ce second couvent d'Avila; dans le premier, on m'a montré bien des objets qui lui avaient appartenu, et dans le second, un grand nombre de ses manuscrits. On a élevé une belle église là où était sa maison paternelle.

Je voulus encore aller prier sur son tombeau, dans les environs de Salamanque, à Albe de Thormès, où elle mourut.

On a placé, dans un magnifique vase de cristal, son cœur qui, on le sait, fut transpercé par un séraphin. Avec quelle émotion et respect je vénérai cette précieuse relique !

Saint Jean Chrysostome disait de saint Paul que son cœur était comme celui du Christ : *cor Pauli cor Christi* ; on peut dire la même chose du cœur de Thérèse de Jésus.

Au couvent de Thormès, on me donna une photographie de sainte Thérèse en costume un peu fantaisiste de docteur de Salamanque, avec

Fig. 17. — Sainte Thérèse,
en costume de Docteur de l'Université
de Salamanque.

la colombe, figure de l'Esprit-Saint : elle est reproduite ici.

J'ai lu bien des ouvrages sur sainte Thérèse ; mais j'ai lu avec le plus vif intérêt les trois panégyriques de la sainte, par le Père Alet, de la Compagnie de Jésus, au Carmel du Mans, dans un triduum, et ceux de M. l'abbé Truptin, l'éloquent chapelain de Paray-le-Monial, au Carmel de cette ville, dans un triduum également. Qu'on excuse ces souvenirs personnels, car je sais bien que Pascal a dit que le *moi était haïssable.*

On peut dire que sainte Thérèse occupe dans les annales de la sainteté féminine — qu'on nous passe l'expression — un rang à part. Elle a une physionomie très caractéristique, et ses historiens n'ont pas manqué de le faire remarquer; c'était une femme de génie ayant des qualités masculines remarquables ; l'énergie virile, la force de caractère et de la tête ; une aptitude peu commune pour le gouvernement.

Ecrivain, poète, elle avait une pénétration d'esprit étonnante : ses analyses psychologiques sont d'un philosophe moraliste éminent.

Aussi, bien des hommes célèbres de son temps voulurent la voir et s'entretenir avec elle.

Il y a quelques années, l'Espagne a célébré avec un éclat incomparable son quatrième Centenaire. Ce fut un jour chômé ; la nation prit part tout entière à cette fête : le roi, la cour, la noblesse, les corps savants, le peuple, tous à l'envi, proclamèrent la gloire de l'Espagne d'avoir donné le jour à une telle femme.

Pour réformer le Carmel, elle fut en butte non

pas à des tracasseries seulement, mais à une véritable persécution.

Très habile diplomate, elle sut habilement déjouer toutes les intrigues.

Si ses qualités naturelles étaient grandes, ses qualités surnaturelles, ses vertus, l'étaient bien davantage.

Elle avait un cœur brûlant d'amour divin : c'était un brasier, une fournaise.

Sa mystique est transcendante, il n'est pas aisé d'en gravir les échelons, mais quand on resterait au premier degré de l'échelle, on n'aurait pas une vertu ordinaire.

Les vocations sont multiples : il y a plusieurs demeures dans la maison du Père de Famille ; la vie active et la vie contemplative ont chacune leur raison d'être et, dans de certaines congrégations, la part est faite à chaque membre, mais chacun a son don : l'un a celui-ci, l'autre celui-là. Comme dit saint Paul : les opérations de l'Esprit-Saint sont diverses, *variæ operationes spiritus.* La vocation des Carmélites est belle entre toutes ; la chose n'est pas douteuse.

Les Carmélites s'établirent à Lyon, en 1616, à la Croix-Rousse. Le nom de la montée des Carmélites rappelle leur ancien séjour.

A l'époque de la Révolution, elles furent obligées de se disperser et plusieurs rentrèrent dans leurs familles. Quelques-unes allèrent à l'étranger ; plusieurs vécurent isolées dans des conditions d'existence inconnues.

Elles ne montèrent pas sur l'échafaud, comme leurs compagnes de Compiègne martyrisées en haine de la religion, et qui furent béatifiées : nous avons assisté, au Carmel de la rue du Juge-de-Paix, à un beau triduum en leur honneur.

Dans son histoire de la littérature française, M. Nisard dit que les femmes ont une aptitude spéciale pour le style épistolaire ; les Lettres de sainte Thérèse sont de nature à confirmer le dire du grand critique.

Sa correspondance est d'un intérêt palpitant. On se tromperait si on pensait qu'elle est toujours en extase, ravie au troisième ciel, comme l'Apôtre : nullement, elle est au cœur des réalités.

Elle descend à des détails, en apparence vulgaires, mais il n'y a rien de vulgaire dans ce qu'elle dit.

Elle a des remarques fines, piquantes, très spirituelles, elle est gaie, même enjouée : sa vertu n'a rien d'austère ni de farouche.

Beaucoup de gens se font une fausse idée de la vie religieuse et de la vocation de la carmélite en particulier : il semble que sa vie est triste ; il n'en est rien, elle est certainement plus gaie que celle des gens du siècle, avec leurs plaisirs dont ils éprouvent souvent le désenchantement et le dégoût.

Il n'est pas rare d'entendre dire à des personnes du monde que des religieuses cloîtrées, comme les Carmélites, sont inutiles pour la société.

S'enfermer dans une cellule, c'est bon pour des condamnées à la réclusion, dit-on.

Des Sœurs des hôpitaux, des Sœurs de charité, des Petites Sœurs des Pauvres, des Dames du Calvaire, à la bonne heure ! Très bien, mais des Carmélites, à quoi bon ? Vivre isolée dans une cellule entre quatre murs, sans action sur ses semblables, oui, à quoi bon ? C'est contre l'ordre naturel, c'est par égoïsme !

On pourrait dire à ces personnes la parole de Jésus à la Samaritaine : *Si scires donum Dei*, si vous connaissiez le don de Dieu ! Oui, si vous connaissiez la valeur de la prière, de la pénitence, du sacrifice, du don complet fait de soi-même, vous tiendriez un autre langage.

Que n'avez-vous lu avec attention la page de l'Evangile, relative à la visite de Notre-Seigneur aux deux sœurs de Lazare, Marthe et Marie ?

Marthe est toute absorbée par des préoccupations d'ordre matériel, pour bien recevoir le Maître ; Marie, assise aux pieds de Jésus, ne pense qu'à écouter ses paroles, qu'à profiter de son enseignement.

Marthe est choquée de l'indifférence apparente de sa sœur à recevoir leur hôte, et demande à Jésus de l'en avertir.

La réponse du Maître est bien connue : « Marthe, Marthe, vous vous donnez bien de la peine : c’est Marie qui a pris la meilleure part ; elle ne lui sera point ôtée ».

Le monde ne comprend pas la parole de Jésus ; c’est qu’il n’a pas l’esprit de Dieu ; les choses du dehors attirent plus son attention que celles du dedans, cependant il est écrit : *omnis gloria filiæ regis ab intus*, toute la gloire de la fille du roi est intérieure.

En 1806, les Carmélites rentrèrent à Lyon, mais ce ne fut qu’en 1854 qu’elles s’installèrent sur le coteau de Fourvière.

Nous sommes heureux de les posséder ; elles sont comme un paratonnerre pour nous protéger contre la foudre divine ; leurs prières, leurs pénitences sont rassurantes.

Une prieure de cette maison, qui appartenait à une des meilleures familles de notre ville, est morte il y a quelques années, laissant le souvenir d’une très grande vertu. Nous savons que Mgr Bonnardet, son directeur spirituel, avait pour elle une véritable vénération.

M. le chanoine Faugier, Recteur de Fourvière, vicaire général, est Supérieur de cette maison.

Fig. 18.
Saint François de Sales, fondateur de la Visitation.

CHAPITRE XII

Monastère de la Visitation.

Il est situé montée du Télégraphe, près du fort
de Loyasse, à l'extrémité du plateau de Fourvière.

Avant de se fixer là, en ce lieu de retraite où
elles peuvent vaquer en paix aux devoirs de leur
vie religieuse, les Visitandines se sont établies en divers endroits de notre ville.

Ce n'est pas une chose aisée de trouver, dans une
grande ville, une résidence en rapport avec les
exigences de la vie de communauté.

Ce fut en 1615 que les Filles de saint François de
Sales et de sainte Jeanne de Chantal fondèrent leur
premier monastère, à Bellecour.

On sait que l'illustre évêque de Genève, saint
François de Sales, mourut le 28 décembre 1622, dans
les dépendances de la maison, au point de jonction
de la rue qui porte son nom et de la rue Sainte-
Hélène, à l'âge de 55 ans, sept ans après la fondation
du monastère.

Sa mort causa une désolation profonde, non seulement à Lyon, où il était très connu, très aimé, et

en Savoie, à Annecy, où il était populaire, mais dans le monde et à la cour, et tout particulièrement à Paris où il comptait beaucoup d'amis dans le clergé, et à Rome où l'on avait la plus haute idée de ses vertus et de sa science théologique.

Jadis, il avait soutenu ses thèses, pour son doctorat, avec un éclat inaccoutumé, en présence du Pape et des cardinaux.

Le monastère de la Visitation, situé à Bellecour, dans le centre de la ville, ne pouvait y rester longtemps.

Ce n'était pas un lieu solitaire, et il devait forcément, avec l'agrandissement certain de la ville, devenir un lieu très fréquenté.

Les circonstances obligèrent les Visitandines à s'établir ailleurs ; elles eurent bien de la peine à trouver un emplacement convenable ; elles n'en trouvèrent point de définitif, et s'établirent provisoirement à la montée du Gourguillon.

Un érudit distingué de notre ville, M. Robert Poidebard, a raconté, avec grande abondance de détails, les vicissitudes de leur établissement au Gourguillon, et plus tard à l'Antiquaille.

Nous sommes à l'époque de la peste de 1623, qui fit tant de ravages en France, et tout particulièrement à Lyon ; les Visitandines eurent une grande part des tribulations publiques ; leur historien les a racontées d'une façon intéressante.

Enfin, elles purent se dégager de l'enceinte trop étroite du Gourguillon, et se fixer à l'Antiquaille, lieu célèbre du vieux Lugdunum, où l'empereur Auguste vécut quelque temps, où il avait un palais. Un de ses successeurs, Claude, y naquit et y vécut aussi : on sait que notre Musée possède les fameuses Tables claudiennes, si intéressantes au point de vue de l'histoire romaine.

Les Visitandines avaient là de l'espace et de l'air : elles étaient tranquilles, parce qu'alors la colline était presque déserte ; elles jouissaient aussi d'une belle vue.

Elles s'y trouvaient bien, mais comme toutes les congrégations, à l'époque de la Révolution, la leur fut dissoute, et ce fut cruel. Jadis, une supérieure du couvent de l'Antiquaille, persuadée que c'était là que saint Pothin était mort dans un cachot, après son supplice, fit rendre un culte spécial à sa mémoire et à celle de ses compagnons martyrs ; ce culte se perpétua.

Des archéologues autorisés ont contesté tout à fait le fait auquel croyait sincèrement la pieuse supérieure, et, avec de sérieuses raisons, ils ont établi leur affirmation. Nous n'avons pas à entrer dans cette discussion, nous constatons simplement la chose.

Les Visitandines revinrent à Lyon en 1809, et se fixèrent à la Croix-Rousse.

Ce n'était ni le lieu ni le monastère qu'elles auraient voulu, mais elles n'avaient pas trouvé mieux et cherchèrent longtemps avant d'avoir quelque chose à leur convenance.

En 1833, elles pensaient l'avoir trouvé, à la montée Saint-Barthélemy.

Elles firent élever aussitôt le bâtiment qui fait face à l'entrée principale du pensionnat des Lazaristes, et, dans ce nouveau bâtiment, aménagèrent la chapelle latérale de façon à pouvoir voir le prêtre au grand autel et suivre le saint sacrifice, sans sortir de la clôture.

C'est la partie de l'édifice actuel, si heureusement transformée en amphithéâtre en 1876, connue maintenant sous le nom de Petit Chœur.

Les Visitandines ne restèrent là que deux ans : elles allèrent un peu plus loin, mais pour y rester quelques années seulement.

Tantæ molis erat romanam condere gentem!

Enfin, en 1856, elles réalisèrent leurs chers désirs et poussèrent alors un vrai soupir de soulagement; elles pouvaient dire, elles aussi : *Eurêka*, J'ai trouvé !

Une religieuse, se faisant l'écho de la joie de ses compagnes, écrivait : « Notre monastère est assez près de Fourvière pour que nous puissions, à toute heure, nous unir aux prières qui sont offertes à notre bonne Mère, et, de presque tous les coins de notre enclos, jeter les yeux sur sa statue vénérée. »

Les Visitandines de Fourvière ont essaimé au-delà de la Croix-Rousse, en 1896, à Vassieux, modeste et tranquille monastère, d'où les religieuses ont encore la satisfaction de voir se dresser à leur horizon la basilique de Notre-Dame de Fourvière.

La Visitation d'Annecy a publié une édition complète, très soignée, des Œuvres de saint François de Sales : c'est un beau monument élevé à la gloire de son saint Fondateur.

Dans le volume qui traite de la fondation du monastère d'Annecy, il y a des choses d'un charme religieux exquis.

Aussi bien, que de fois avons-nous célébré avec émotion la sainte Messe à la Galerie, qui est aujourd'hui une dépendance du couvent des Sœurs de Saint-Joseph d'Annecy, heureuses de posséder ce trésor. Nous revivions des souvenirs de sainteté délicieux, des premiers temps de la fondation.

La fondation des autres monastères a aussi son histoire, car il s'en fonda plusieurs rapidement ; la Visitation attirait les âmes d'élite, que le dégoût du monde et l'attrait des choses divines y amenait. L'histoire de ces fondations est pleine du plus vif intérêt.

On voit de grandes âmes embrasées du saint et divin amour, éprises des joies célestes.

La correspondance de plusieurs supérieures avec sainte Jeanne de Chantal, ou entre elles, nous donne

la plus haute idée de leurs vertus, et de leur idéal
de perfection très élevé.

Dans leur Directoire, tout est prévu. Que de délicatesse, de simplicité, d'humilité, de discrétion,
chez ces femmes du XVIIe et du XVIIIe siècle, qui
avaient embrassé la vie religieuse à la Visitation !

Ce fut à une de ces âmes saintes que Jésus pré-
senta son Cœur adorable, et dit : « Voilà ce Cœur qui
a tant aimé les hommes », en le lui montrant : ce
fut une visitandine qu'il choisit pour être sa confidente.

Il ne nous a pas dit pourquoi, mais il est permis de
penser qu'il a voulu récompenser cet Institut du
parfait esprit qui l'animait, esprit de douceur et
d'humilité, de très grande simplicité, d'avoir si bien
conservé les règles tracées par saint François et
sainte Jeanne.

Mgr Gauthey, ancien aumônier de la Visitation
de Paray-le-Monial, mort en 1918, archevêque de
Besançon, a condensé dans trois ouvrages toute
l'histoire de la Bienheureuse ; la critique en est excellente, et on peut dire qu'il a dit le dernier mot
sur tout ce qui concerne les révélations faites à la
Bienheureuse.

Nous faisons le vœu que sa canonisation se fasse
cette année ; c'est une année d'élection, c'est l'année de la signature du traité de paix ; peut-être que
des événements empêcheront la réalisation de no-

tre vœu, mais nous savons toutefois que son heure
ne saurait tarder.

Quel honneur pour la Visitation ! mais surtout
quelle joie et quel sujet de réconfort pour l'Eglise
de France ! Ses épreuves ont été si cruelles ! Elle
est en deuil d'un grand nombre de ses ministres, et
elle constate douloureusement qu'on a toujours,
dans les hautes sphères politiques, des préjugés et
des préventions contre elle.

Mais le Cœur de Jésus est là ; quoi qu'on fasse, il
sera vainqueur ; c'est par Lui que l'ennemi a été
vaincu, et c'est encore par Lui et en Lui que nos
espérances se réaliseront.

L'histoire du monastère de la Visitation de la
montée du Télégraphe, à Fourvière, nous a entraîné
un peu loin ; nous ne le regrettons que légèrement.

CHAPITRE XIII

Revenons sur nos pas, jusqu'à la rue Cléberg.

Il y a quelques années, dans cette rue, en face de la montée de Fourvière, il y avait une communauté de religieuses vouées au culte de la Sainte Eucharistie : la maison portait le nom bien significatif de Jésus-Hostie.

C'étaient des religieuses réparatrices : belle vocation assurément que celle de s'unir aux réparations infinies envers le Cœur de Jésus, réellement présent dans la Sainte Eucharistie.

Cette communauté, comme tant d'autres, a disparu : une maison de famille, actuellement, occupe les locaux.

Nous voilà maintenant devant les portes du grand hôpital de Saint-Pothin, autrement dit de l'Antiquaille.

Ce nom, paraît-il, a été donné à ces bâtiments, il y a deux siècles environ, par des gens du peuple, à cause d'un collectionneur qui les occupait et qui avait réuni un bon nombre de souvenirs du vieux Lugdunum, des bronzes et des marbres, des antiquités : le nom lui est resté.

Ce grand hôpital, comme les autres de Lyon, est sous la juridiction de la Commission des Hospices.

Nous avons lu la belle thèse de doctorat en droit de M. Astier, sur les origines et l'organisation des Hospices; elle comprend des documents historiques intéressants, et des discussions juridiques serrées, mais nous n'avons ici qu'à donner des renseignements sommaires et se rapportant au sujet que nous traitons.

Les Sœurs gardes-malades sont des fleurs de charité; c'est surtout à ce titre que cet asile de la douleur nous est cher, et par la présence d'aumôniers qui apportent les secours de la religion aux malades qui les désirent et en ont un si grand besoin.

Les hôpitaux de Lyon ont leur budget propre qui s'appuie sur une fortune mobilière et immobilière considérable, mais les dépenses pendant la guerre ont été telles, la cherté de la vie étant devenue si extraordinaire, que ces ressources ont été insuffisantes, et que la Commission des Hospices a dû recourir à l'emprunt.

Les principaux hôpitaux sont : l'Hôtel-Dieu, la Charité, l'Antiquaille ; le Perron, dans la banlieue.

Les deux hôpitaux militaires de Desgenettes, sur le quai du Rhône, et des Collinettes, à la Croix-Rousse, complètent le service.

De plus, on construit à Grange-Blanche un très vaste hôpital, absolument conforme, dit-on, au progrès scientifique moderne des services hospitaliers des 'malades.

Nous avons sous les yeux la statistique des lits occupés avant la guerre, dans chaque hôpital : nous ne la donnons pas, parce que la population des hôpitaux s'est accrue pendant la guerre d'une manière formidable, la population s'étant accrue elle-même au moins d'un tiers, surtout dans la périphérie, et de nombreux malades étant amenés de toutes parts dans les hôpitaux de notre ville.

L'Ecole de Médecine lyonnaise jouit au loin d'une très grande réputation, tout à fait justifiée : elle a compté des maîtres illustres, connus en France et à l'étranger.

L'Ecole de Chirurgie lyonnaise est célèbre aussi : les concours d'agrégation et les concours pour les nominations de chirurgiens-majors sont difficiles ; les candidats sont nombreux et presque tous de valeur : l'élu représente donc un grand savoir médical. Les spécialistes lyonnais font autorité ; de partout les malades viennent pour les consulter.

Au XVIe siècle, au lieu dit l'Antiquaille, il y avait un magnifique château, avec de belles terrasses soutenues par de puissants contreforts.

Un architecte de mérite de notre ville en avait donné une belle reconstitution, d'après les estampes de l'époque et des dessins découverts dans les archives.

Hélas ! l'auteur de ce beau travail, M. Lenail, n'est plus.

Après avoir, en qualité de lieutenant, pendant la guerre, fait vaillamment son devoir, et obtenu des décorations méritées, il est mort, à la fin de 1918, des suites de ses blessures, à l'hôpital de Saint-Cloud.

Nous avons déjà dit que l'Antiquaille avait été occupée, avant la Révolution, par les Visitandines.

En 1802, le gouvernement de Napoléon décida que l'ancien monastère serait transformé en hôpital ; mais pour opérer cette transformation, il ne fallut pas moins de cinq ans de travaux, de 1802 à 1807, en sorte que l'ancienne physionomie des bâtiments changea complètement.

D'autres constructions, en outre, se firent successivement, les services de l'hospice se développant de plus en plus.

Certaines maladies furent soignées particulièrement à l'Antiquaille : leur thérapeutique demanda une extension de bâtiments.

Les hôpitaux de Lyon sont privilégiés dans leurs infirmières ; elles sont un corps d'élite, et tout à fait peu coûteux. Pour la modique somme de 50 francs et son entretien, une Sœur était à la disposition de l'Administration.

Nos Sœurs hospitalières ne sont pas dans le sens étroit du mot, des religieuses ; elles sont libres d'engagements, ne font pas de vœux, n'ont pas de supé-

rieure générale, ni de noviciat spécial, ni d'organisation à la façon des congrégations religieuses.

Je ne connais pas de livre, ni de brochure expli-
quant l'histoire de leur fondation.

A l'origine, m'a-t-on dit, des personnes de bonne
volonté s'unirent pour soigner les malades, formèrent une association volontaire, se lièrent par des
liens de charité et de dévouement ; des traditions se
formèrent, des coutumes tinrent lieu de règles ; un
recrutement méthodique et régulier s'établit peu à
peu, sous la direction d'aumôniers qui devinrent les
chefs spirituels de cette corporation d'infirmières
volontaires remplies de l'esprit religieux ; un habit,
en rapport avec leurs fonctions, leur fut choisi, et,
comme spontanément, ce corps devint homogène et
compact.

Les Sœurs sont donc des infirmières en quelque
sorte volontaires, sous l'autorité de l'administration de la Commission des Hospices, dirigées, au spirituel, par leurs aumôniers; elles ont un costume
bien connu. Les Sœurs qui sont restées dix ans au
service des malades, portent une croix, et la cérémonie de la réception de cette croix, la croisure,
comme on dit, est solennelle et a grand caractère : la
cérémonie est imposante.

Les membres de la Commission des Hospices y
assistent avec M. le Maire. Un prédicateur explique
la haute portée de cet acte religieux. Après dix ans

de stabilité, la Sœur croisée a une situation définitive.

Les Sœurs de nos hôpitaux sont populaires à Lyon ; la chose est naturelle : elles rendent de si grands services pour un prix si modique.

La plupart ont des diplômes qui attestent une solide formation ; elles sont de précieux auxiliaires pour les médecins.

Plusieurs ont un véritable diagnostic ; en contact perpétuel avec les malades, elles possèdent une grande expérience, et arrivent peu à peu à saisir sur le vif les caractères douteux des maladies : cette connaissance est précieuse.

Elles ont une heureuse influence sur le moral des malades : ce n'est pas une chose indifférente pour la marche de la maladie que le malade espère ou désespère, qu'il ait un moral élevé ou déprimé ; l'influence du moral sur le physique est grande : on le démontre en philosophie, mais à l'hôpital, c'est un fait d'expérience.

Les infirmières qui sont mariées ou qui, sans l'être, ont des préoccupations de famille, ne peuvent être pleinement à leurs malades ; leurs soucis domestiques les dominent parfois, et aussi les nécessités de la vie.

Les Sœurs, elles, ayant renoncé à tout, pour se consacrer uniquement à leurs malades, sont dans des conditions meilleures.

Leurs espérances sont tournées du côté d'En-Haut ; dans leurs malades elles voient la personne de Jésus-Christ souffrant, et se rappellent sa parole : « Ce que vous ferez au plus petit des miens, c'est à moi-même que vous le ferez. »

Il serait à désirer que les vocations fussent nombreuses, car les besoins sont grands : la guerre a fait tant de malades !

En voilà assez sur l'Hospice Saint-Pothin.

CAVEAU DE SAINT POTHIN.

Il est près de la porte d'entrée.

En dehors des jours fixés pour y entrer, il faut une permission spéciale. C'est le jour de la fête et pendant l'octave de saint Pothin qu'on y entre librement.

La Confrérie des *Cultores Martyrum*, dont M. le chanoine Sachet est le Président, y fait célébrer des messes chaque année.

Les membres de cette confrérie, essentiellement lyonnaise, font profession d'honorer nos martyrs qui ont été si nombreux ici, qui ont arrosé la sainte colline de leur sang généreux et l'ont fécondée.

M. le chanoine Comte, vice-chancelier de l'Archevêché, entreprit de faire restaurer splendidement

le caveau, et, à cet effet, à l'aide de souscriptions
nombreuses — et plusieurs furent élevées — fit
faire par des artistes, des représentations de grou-
pes de martyrs, en belles mosaïques. M. le cha-

Fig. 19. — Prison de saint Pothin à l'Antiquaille.

noine Condamin, Doyen de la Faculté catholique
des Lettres, en fit, dans la *Semaine religieuse*, une
description fort intéressante au point de vue de l'art.

Au fond du caveau, à gauche, il y a une excava-
tion assez profonde fermée par une grille, où saint
Pothin mourut d'après la légende accréditée, puis,
à côté, un autel, où l'on dit la sainte messe le jour
de la fête et, de son octave.

Une belle mosaïque représente la Sainte Vierge, les bras étendus, dans l'attitude d'une Orante, comme on le voit dans les fresques des Catacombes.

Ensuite, une mosaïque avec un groupe de neuf vierges martyres : Antonia, Trophima, Domna, Justa, Pompeia, Jamnica, Ausonia, Emilia, Julia; elles tiennent dans la main la palme de la virginité et du martyre.

Une mosaïque représente le groupe des martyrs qui furent égorgés : on remarque les figures expressives de Silvius et de Zacharie.

On voit dans une autre mosaïque un groupe de vierges célèbres de la primitive Eglise, entre autres saintes Lucie, Agnès, Cécile, Agathe, notre Blandine, la Vierge des Vierges et des Martyres, avec une attitude hiératique.

Que de saintes et fortes émotions on a en ce lieu, et surtout salutaires ; les temps héroïques de la fondation de notre Eglise reviennent d'eux-mêmes à la mémoire ; on se rappelle le courage héroïque du jeune Pontique, de l'esclave Blandine, de tant de jeunes filles, de femmes, de vieillards, qui firent généreusement le sacrifice de leur vie.

Par leur mort, ils ont eu raison de leurs persécuteurs ; leur sang, suivant la parole célèbre de Tertullien, a été une semence de chrétiens : *sanguis martyrum semen christianorum.*

On se rappelle encore la belle lettre des chrétiens

de Lyon à leurs frères d'Asie : elle est un modèle de modestie chrétienne, de simplicité, de foi ardente ; ils ne s'attribuent rien à eux-mêmes, c'est à Dieu seul qu'ils rendent hommage : *soli Deo honor et gloria.*

Cette lettre émeut profondément. Elle est un document précieux pour l'histoire des origines de notre Eglise.

Mais c'est le vénérable Pontife, saint Pothin, premier évêque de Lugdunum, qui domine avec grande majesté toute cette scène dramatique.

Il subit le martyre en 177, à la suite de l'édit de Marc-Aurèle qui détermina la persécution.

Il était venu à Lyon, probablement à la demande de négociants grecs d'Asie Mineure qui formaient une colonie chrétienne : il avait répondu avec joie à leur appel.

Son apostolat fut fécond : la communauté chrétienne se développpa rapidement, au grand mécontentement des païens ; les chrétiens devinrent alors suspects.

Conformément aux ordres de l'empereur, le gouverneur de la ville voulut obliger saint Pothin à sacrifier aux dieux, le fit comparaître devant son tribunal et procéda de suite à son interrogatoire. Une foule d'amis avait fait escorte au vénérable Pontife. « Quel est le Dieu des chrétiens, lui demanda brusquement le gouverneur? —Vous le connaîtrez, répondit avec fermeté saint Pothin, si vous en êtes digne. » A peine eut-il dit ce mot qu'on le roua de coups, et qu'une pluie de projectiles s'abattit sur lui. Son corps ne formait plus qu'une plaie. Il mourut le lendemain des suites de ses blessures, dans son cachot : il était nonagénaire.

Ses compagnons, Attale, Epagathus, Alcibiade, en qualité de citoyens romains, eurent la tête tranchée ; le néophyte Maturus et le diacre Sanctus furent condamnés aux bêtes.

Le christianisme, à Lyon, a donc été, dès son berceau, arrosé du sang des martyrs.

Nous devons sans doute à leurs sacrifices l'honneur d'avoir répandu dans le monde entier la foi par nos missionnaires, leurs héritiers. L'annuaire ecclésiastique du diocèse contient les noms de près de 300 et, parmi eux, ceux de plusieurs évêques.

Il se peut que saint Pothin n'ait pas succombé ici, comme on le croit généralement ; mais la question du lieu précis de son martyre n'a qu'une importance bien secondaire pour le culte qu'il mérite.

C'est ici qu'on l'honore, c'est là qu'on l'invoque, et l'important est qu'on se pénètre bien des leçons que nos saints martyrs nous ont données, et de les imiter.

Quand j'ai fait le Chemin de la Croix, dans les rues de Jérusalem, aux stations indiquées, je me disais : peut-être qu'en effet, c'est bien à cet endroit précis que le bon Maître est tombé pour la première, la seconde ou la troisième fois, que Simon l'a aidé à porter sa croix, que Véronique a essuyé son visage adorable, mais me rappelant les bouleversements énormes qu'a subis la Cité sainte et les discussions des archéologues, je me disais que, peut-être, ce n'était pas la station marquée ; ceci ne me troublait pas, j'étais tout entier aux pieuses pensées qui remplissaient mon âme, et la distraction n'était que momentanée.

Le caveau de saint Pothin est donc pour nous un lieu saint, puisque là les honneurs sont rendus à nos Pères dans la foi, et que, dans le recueillement de la prière et dans la reconnaissance, nous les invoquons et leur rendons hommage.

On sort de là plus fort pour combattre le bon combat.

CHAPITRE XIV

Cette maison est située au numéro 8 de la montée de l'Antiquaille ; elle doit son origine à un prêtre zélé, un véritable homme de Dieu, à M. l'abbé Dupuis, chapelain de la Primatiale.

On l'avait appelé à l'Antiquaille pour faire des instructions à des filles démoralisées qui y étaient en traitement. Ces instructions furent très fructueuses, on constata parmi elles une grande amélioration, et chez plusieurs un désir sincère de conversion.

Le bon abbé en fut très touché, mais il réfléchit que lorsqu'elles quitteraient la maison, exposées aux mêmes dangers que précédemment, abandonnées à elles-mêmes, elles recommenceraient leur vie de débauche.

Comment les en arracher ?

Il pensa que si on pouvait les réunir en un lieu de refuge, à l'abri des occasions, elles persévéreraient dans le bien.

Cette intention était excellente, mais comment la réaliser ?

Il fallait une maison assez grande pour contenir un nombre convenable de ces malheureuses créatures, et pourvoir à leur entretien, en leur procurant en même temps un travail honnête, car la paresse est la mère de tous les vices.

M. Dupuis se sentait pressé de faire cette Œuvre, lorsque, obéissant à une inspiration divine, il monta à Fourvière pour y célébrer la sainte messe et invoquer Celle à laquelle on ne s'est jamais adressé en vain, ainsi que le dit saint Bernard dans sa belle prière du Souvenez-vous.

Une personne charitable à qui il avait fait connaître ses projets, lui ayant donné vingt-cinq francs, il déposa cet argent sur l'autel et demanda à la Sainte Vierge de le faire fructifier. Il descendit de la sainte colline réconforté et plein d'espérance.

Mais la Providence avait décidé que ce ne serait pas lui qui réaliserait ce grand dessein : il mourut peu après, mais il est permis de penser que, dans la patrie céleste, il fut l'avocat fervent et heureux d'une Œuvre appelée à faire beaucoup de bien.

Une personne charitable, confidente des projets du vénéré chapelain, et possédant quelques ressources, fit l'acquisition du terrain où se trouve la maison actuelle et fit aussi de la propagande ; elle trouva des sympathies, des dévouements et des cœurs généreux. On éleva peu à peu des bâtiments, et des personnes, comprenant l'importance de cette

Œuvre de préservation et de réparation, se donnèrent elles-mêmes à elle, dans un but de grande
miséricorde spirituelle ; des liens religieux furent
noués, et c'est sous la forme d'une congrégation que
l'Œuvre devait prendre de l'accroissement.

Il faut placer les débuts de l'Œuvre en l'année
1825, mais c'est en 1842 seulement que l'autorité
ecclésiastique, après un examen canonique régulier,
donna son approbation et un aumônier.

N'oublions pas de dire que, avant cette approbation, les aumôniers de l'Antiquaille et les Sœurs
avaient toujours eu une sollicitude très grande pour
cette Œuvre, qui leur était en partie redevable de
son existence ; depuis, ils l'ont toujours aimée, lui
portant un vif intérêt.

Il y a deux catégories de personnes au Refuge de
la Compassion : la première, celle des enfants qui
ont besoin d'être protégées, étant exposées aux
pires dangers ; la maison est un lieu de préservation
pour elles.

La seconde catégorie est celle de pauvres filles,
souvent plus à plaindre que coupables, qui se sont
laissé aller aux entraînements du vice, ont eu ensuite du remords, et ont voulu se corriger et revenir
à une vie meilleure : les deux catégories sont bien
distinctes.

Il arrive parfois que, chez certaines, le repentir est
si vif, que, nouvelles Madeleines, elles s'attachent

à Jésus Crucifié avec tous les élans d'une âme qui veut se sanctifier.

Parfois elles embrassent la vie religieuse. Pourquoi pas? Le Maître a des tendresses infinies pour les cœurs repentants, ses miséricordes sont inépuisables.

Parfois ces créatures de péché, qui sont tombées bien bas, montent bien haut par l'expiation, plus haut que d'autres restées vertueuses.

Jésus n'a-t-il pas laissé entendre aux pharisiens que la mauvaise foi, l'hypocrisie, l'orgueil, sont plus coupables que les égarements du cœur?

D'autant que, si l'on connaissait l'histoire d'un certain nombre d'entre elles, on se sentirait pris d'une grande pitié.

De pauvres enfants sont laissées à la rue, les parents ne s'en souciant guère. Un certain nombre d'entre elles sont nées hors mariage; sans instruction, sans formation, souvent misérables, que peuvent-elles devenir ainsi abandonnées à elles-mêmes? Le monde est mauvais, corrupteur, porté au vice.

Les règlements de police sont incapables de protéger efficacement l'enfance, le contrôle est insuffisant.

On permet l'exhibition de gravures, d'images obscènes.

La littérature pornographique a pleine liberté et la licence des mœurs est telle qu'on tolère toutes sortes de représentations dans les cinémas et ailleurs, qui sont absolument immorales.

La rue offre elle-même dans de certains quartiers, à de certaines heures, un spectacle dégoûtant : les pauvres enfants qui vivent dans ce milieu, que peuvent-elles bien devenir?

Pendant la guerre, le travail des femmes a été, en général, rémunérateur; mais auparavant, les ouvrières de l'aiguille ne gagnaient pas, en travaillant bien, de quoi assurer leur existence.

Le Père du Lac, à Paris, avec un dévouement admirable, avait pris en main la cause de ces infortunées et avait fondé une association excellente d'ouvrières de l'aiguille.

Donc souvent, de pauvres ouvrières, avec un gain insuffisant, demandaient à l'inconduite des ressources qu'elles ne pouvaient avoir honnêtement.

Et puis la maladie? Et puis le chômage? Voilà des excuses que le Dieu des miséricordes accepte.

Le monde qui, par ses maximes, ses modes, ses exemples, provoque au vice, est ensuite sans miséricorde pour les pauvres créatures déchues.

Dieu prend en pitié la faiblesse humaine ; il la relève, et le repentir l'émeut.

Ce qu'il a fait pour Madeleine le dit assez, il n'a pas dédaigné de l'honorer de son amitié divine, et c'est à elle, avant ses apôtres, qu'il est apparu après sa résurrection.

Ce que nous venons de dire montre assez l'utilité
du Refuge de la Compassion. Ces mots caractérisent cette œuvre, absolument digne d'intérêt, et
c'est pourquoi nous nous permettons de la recom-
mander à la charité de nos lecteurs, comme nous
avons déjà recommandé d'autres œuvres.

Elles n'émargent pas au budget de l'Etat, ni à
celui des départements et des villes ; il faut que les
catholiques s'imposent des sacrifices pour des œuvres
innombrables.

O Notre Dame de Fourvière, protégez le Refuge
de la Compassion ! vous êtes le secours des chrétiens.

CHAPITRE XV

Institution de Notre-Dame des Minimes.

Sur la place de ce nom, à Saint-Just, florissait naguère cette excellente institution de jeunes gens, bien connue à Lyon et au loin, car sa réputation de maison d'éducation de premier ordre était solidement établie.

Un corps professoral d'élite y enseignait ; des élèves, appartenant à d'excellentes familles bourgeoises, y recevaient une instruction soignée et foncièrement chrétienne.

Des hommes de grande valeur, dans le clergé, l'armée, la magistrature, le barreau, les sciences, les arts, l'industrie et le commerce, en sont sortis.

Un bon nombre d'élèves sont morts sur les champs de bataille, avant l'atroce guerre qui s'est terminée le 11 novembre 1918.

A Castelfidardo, pour les droits de l'Eglise, en 1870, pour ceux de la Patrie, un certain nombre sont tombés, mais qu'est ce nombre, en comparaison de celui de ceux immolés pendant plus de quatre ans de guerre !

La liste en est longue et douloureuse, jeunes gens

et hommes d'âge mûr, appelés à un brillant avenir.
Leur vaillance héroïque a été maintes fois signalée
dans les journaux : citations nombreuses, croix de
guerre, croix de la Légion d'honneur, grades élevés
obtenus.

Fig. 20. — Façade de l'Institution des Minimes.

Les professeurs mobilisés ont montré par leur
conduite à la guerre qu'ils méritaient d'avoir de tels
élèves.

S'il fallait entrer dans le récit de ce qu'ils ont fait,
ce serait long, et nous blesserions leur modestie ;
parlons brièvement de l'un d'eux, le lieutenant Re-
milieux, tué le 20 juin 1916, à l'assaut des tranchées
allemandes ; il avait été fait chevalier de la Légion
d'honneur.

Un religieux de Nancy, qui l'avait vu de près,
nous a dit l'ascendant qu'il exerçait sur ses soldats,

l'estime et l'affection dont ils l'entouraient. A l'âge de vingt-huit ans, il donnait sa vie pour son pays.

La *Semaine religieuse* du diocèse lui a consacré, avec raison, un bel article nécrologique.

La Maison des Minimes avait belle apparence : bien construite, bien aménagée, avec de vastes cours, des terrasses spacieuses, des salles d'études claires, bien aérées, des dortoirs vastes, elle réalisait les conditions d'hygiène qui conviennent à une maison d'éducation. .

Près du centre de la ville, et cependant à l'écart des quartiers populaires, en un lieu calme et tranquille, d'un accès facile par le funiculaire, elle pouvait avoir des externes et des demi-pensionnaires.

Les études y étaient fortes, les succès aux examens le prouvent ; et cependant, on accordait aux exercices du corps, comme en Angleterre, un temps convenable ; les arts d'agrément y étaient en honneur, la musique principalement : les concerts des Minimes étaient très appréciés en ville et fort goûtés des *dilettanti*.

Le nom des Minimes vient des religieux de saint François de Paule qui occupaient ce lieu avant la Révolution et y avaient une maison de leur ordre.

Le fondateur de la maison des Minimes dont nous parlons, le vénéré abbé Dettard, utilisa une partie des bâtiments que les religieux avaient laissés, notamment une vaste salle qui servait de promenoir aux élèves et de salle de spectacle pour les concerts et les représentations théâtrales, restes de l'ancienne chapelle, il me semble.

Le vénérable fondateur des Minimes a été, dans toute l'acception du mot, un grand éducateur, et a grandement mérité de l'enseignement chrétien.

Un ancien supérieur des Minimes, M. le chanoine Genin, aujourd'hui curé de Notre-Dame-Saint-Vincent, dans un discours de distribution de prix, a tracé admirablement le portrait de ce prêtre éminent.

Quand il fonda cette institution, appelée à rendre de si grands services, les maisons d'éducation manquaient ; l'esprit voltairien animait la plus grande partie de la bourgeoisie.

,Les pires préjugés la dominaient, la pratique religieuse était rare chez les hommes ; le respect humain sévissait partout.

Il fallait refaire la société, lui inspirer un esprit nouveau : tâche difficile, hérissée d'obstacles : une légalité soupçonneuse arrêtait toute initiative. Mais l'abbé Dettard avait du caractère, était entreprenant, décidé, et absolument persuadé de l'importance de son Œuvre, qu'il savait voulue de Dieu et répondre à des besoins urgents.

Il obtint l'autorisation de ses supérieurs, et se mit aussitôt à la besogne, quand l'Université le lui permit.

Il ouvrit son collège six ans avant la fondation de la maison d'Oullins, par l'abbé Dauphin. Quelques élèves se présentèrent à la maison de l'abbé Dettard, puis leur nombre s'accrut de plus en plus.

Il avait su choisir des collaborateurs de mérite qui le secondaient très bien, mais il restait l'âme de la maison, lui imprimant une direction excellente.

Son activité était proverbiale ; on eût dit qu'il avait fait le vœu de ne pas perdre une minute.

Il avait surtout le don de s'attacher la jeunesse : à la fois ferme et bon, il assurait une discipline exemplaire et obtenait un travail assidu.

Il parlait toujours le langage du bon sens, de la raison, mais tout autant celui du cœur ; pour ses élèves, il était un oracle.

Bientôt le bon renom de la maison s'établit, les parents étaient absolument satisfaits, remarquant une amélioration morale étonnante chez leurs enfants.

Le vénéré Supérieur ne considérait que comme une partie de sa tâche d'instruire ses élèves ; les former au bien, leur inculquer des principes de vie chrétienne pour façonner leur caractère, en faire des hommes, des chrétiens convaincus, était son principal but.

Il n'était pas de ceux qui séparent l'éducation de l'instruction : l'une et l'autre ont leur raison d'être et sont nécessaires.

FIG. 21. — Ancienne chapelle des Minimes.

Les belles-lettres, *humaniores litteræ*, doivent donner ce je ne sais quoi de distingué et d'élevé que la culture scientifique la plus complète ne saurait produire elle-même.

L'empreinte chrétienne sur cette solide instruction, voilà ce que voulait le vénéré Père Dettard et qu'il réalisait fort bien.

Le succès couronnait ses efforts : sa méthode fut appréciée, et tout d'abord des élèves.

il avait, du reste, des qualités rares de délicatesse, de tact et d'à-propos, un discernement merveilleux des esprits et des caractères.

Aussi bien ses reproches étaient, chose étonnante, presque aussi goûtés que ses louanges, car il avait une manière exquise de les faire.

Rien de heurté, ni de violent. Il n'humiliait pas les coupables : c'était un médecin affectueux qui pansait les plaies d'une main légère.

Il paraissait fort ennuyé de gronder et l'était effectivement. *Ars artium regimen animarum*, a dit un maître de la vie spirituelle : c'est l'art des arts que de diriger les âmes.

L'adolescent est à cet âge où les passions commencent à éclore et où la vie s'épanouit.

Age ingrat, dit-on, et difficile ; oui, et qui demande attention et dévouement, car souvent l'avenir dépend de la direction donnée alors.

Le bon supérieur faisait comprendre cela à ses

collaborateurs et leur faisait mettre en pratique des règles sûres.

Une lourde tâche matérielle vint en outre s'imposer à lui. Les bâtiments tombaient de vétusté et étaient devenus insuffisants ; il fallait démolir et reconstruire : tâche ardue et coûteuse.

Il voulait de beaux bâtiments dignes de Lyon et du but qu'il s'était assigné.

Que de soucis et de labeurs !

Mais le savoir-faire ne lui manquait pas, et il s'était acquis des appuis, des dévouements certains et généreux.

Il arriva donc, mais non sans peine, à réaliser, en grande partie du moins, ses projets. Tous ceux qui ont visité ce bel établissement ont constaté comme il répondait bien à son objet.

Pas de luxe ni de mise en scène, mais une appropriation raisonnée et, en général, pratique des locaux.

Le succès fut donc considérable, avec l'aide de la Sainte Vierge, patronne de la maison et tout semblait marcher à souhait lorsque survint un orage qui faillit anéantir toutes les espérances.

M. Dettard poussa vers le ciel un cri de détresse, appelant à son secours sa divine protectrice.

A son appel, ses enfants prièrent avec tant d'ardeur que la tempête s'apaisa soudain. Voici de quoi il s'agissait : les ordonnances de 1828 réglaient les conditions d'instruction publique, supprimant purement et simplement les établissements libres, sauf les petits séminaires reconnus.

A cet effet, le procureur général de Courvoisier signifia au Supérieur des Minimes de fermer sa maison.

Le bon Père l'avait consacrée à la Sainte Vierge, dont elle portait le nom : il ne se troubla pas, pensant qu'Elle saurait se défendre elle-même ; il ne se trompait pas.

Le bon supérieur resta tranquille, comme s'il n'avait pas reçu de sommations.

Huit jours après, le magistrat lui intima l'ordre formel de fermer l'Institution, autrement il la ferait fermer lui-même par la gendarmerie.

Le bon Père lui répondit tranquillement, avec la simplicité de foi qui le caractérisait : « Je vous répète, Monsieur, que cette maison est la maison de la Sainte Vierge. »

Le grand serviteur de Marie fit faire, avec la plus grande confiance, une neuvaine en l'honneur de la Patronne de la maison, qui se termina la veille même de la grande fête de l'Immaculée Conception.

Ce jour-là, le vénéré supérieur bénit une belle oriflamme qu'il suspendit aux voûtes de la chapelle.

Ces prières eurent un plein succès : la maison des Minimes ne fut pas fermée. Elle était reconnue comme petit séminaire ; il n'y avait qu'un nom de changé.

Les successeurs du Père Dettard se transmirent comme un legs sacré sa filiale dévotion envers Marie ; ils recoururent à Elle dans toute grave circonstance et notamment lorsque l'autorité diocésaine eut à étudier le projet du transfert des Facultés catholiques dans le domaine des Minimes.

Mais la maison des Minimes allait, avec la funeste Loi de Séparation, disparaître comme bien appartenant à la mense archiépiscopale.

L'Eglise de France, pour n'avoir pas accepté les associations cultuelles, devait être dépouillée de tous ses biens ; le droit de propriété devait succomber avec elle.

L'Eglise, dans la pensée de plusieurs de ses adversaires, ne pourrait résister à de telles pertes. Comme ils se sont trompés ! Mais laissons de côté ces tristes souvenirs ; nous avons, avec la victoire, le droit d'espérer plus de justice et de liberté.

Venons enfin à parler des rapports intimes qui unissaient les Minimes à Fourvière : on en eut la manifestation éclatante lors de la consécration de la nouvelle Basilique, le 16 juin 1896, à laquelle assistèrent les principaux représentants de l'Episcopat français.

Ce jour tant désiré fut un jour d'immense allégresse.

Pendant les trois jours d'un magnifique triduum, l'éloquence sacrée coula à pleins bords : le Père Monsabré, comme toujours, fut original et puissant.

Mais nous n'avons pas à faire le récit des fêtes; nous sommes aux Minimes, restons-y.

La Muse minimoise fit entendre des airs exquis, et des chants d'une inspiration élevée. Poètes et musiciens rivalisèrent de savoir et d'entrain pour rehausser l'éclat de ces fêtes mémorables.

Les élèves de la maison s'unirent à leurs anciens, et on ne sait à qui donner le prix ; cependant je le donnerais, moi, à ces derniers, à cause de la délicatesse, de la finesse de la pensée, et de ce je ne sais quoi de profond et de grave, que l'expérience de la vie donne.

Mais la fraîcheur, la simplicité juvénile ont leur charme.

Chez tous, rien d'artificiel et de faux : c'est la foi qui parle, c'est aussi le cœur, et comme il parle bien ! C'est l'enfant qui dit à sa mère gentiment : « Je vous aime », et il le lui dit avec une ardeur affectueuse très touchante.

Il y a des petits tableaux de genre charmants, des descriptions pleines de grâce, des réminiscences et des souvenirs qui sont des à-propos parfaits.

On pourrait presque trouver dans ces morceaux de poésie comme une anthologie : il y a du travail,

FIG. 22. — Institution des Minimes. La grande terrasse.

des émaux artistement ciselés, des pierres précieuses bien enchâssées.

Tout serait à citer, mais cela déborderait le cadre de notre travail.

Nous ne pouvons résister au plaisir de publier quelques extraits d'un petit poème, d'une sorte de trilogie qui est sortie de la plume ou plutôt du cœur d'un des directeurs les plus aimés de la maison, mort aumônier du lycée Ampère, en février 1915. Comme on a eu raison de graver sur sa tombe, cette parole du divin Maître : *sinite parvulos venire ad me*, laissez venir à moi les petits enfants.

M. Monnier fait précéder sa trilogie du préambule suivant :

L'histoire des Minimes me permet d'affirmer que Marie s'est constituée leur protectrice et leur gardienne.

Il m'est doux de penser que le voisinage de Fourvière est une des causes qui expliquent cette protection particulière.

Aussi les Minimes ont-ils toujours été fidèles aux pieuses traditions qui les rattachent au béni sanctuaire.

Parmi ces traditions, il en est trois que je rappelle dans les vers qui suivent :

Le pèlerinage des premiers communiants ;

Le pèlerinage des élèves candidats ;

Le pèlerinage des jours de congé.

Ces trois pèlerinages me semblent répondre à trois des titres que porte la Sainte Vierge dans les litanies lorétanes et que je suis heureux de proclamer, en déposant à ses pieds cet humble hommage.

Vas insigne devotionis,
Causa nostræ lætitiæ,
Sedes sapientiæ.

Voici seulement un fragment relatif au second titre :

La joie est chose sainte,
La source n'en peut sortir que d'un cœur pur
Toute autre joie est feinte,
La durée en est courte et le déboire sûr.
Aussi toujours la joie des Minimes comprise
Exhala un parfum comme une fleur exquise
Qui croissait à ton ombre, édifice sacré,
Aujourd'hui basilique, ô temple vénéré,
Vers lequel tous les jours nos regards se tournaient,
Vers lequel tous les mois nos pas se dirigeaient,
Qu'il fait bon d'être de Fourvière proche voisin !
Dans ce rayonnement, le plaisir est plus sain,
Aussi la gaieté franche est-elle le partage
De tout vrai Minimois, il en semble jaloux.
C'est un bien de famille et comme un héritage
Transmis par les Anciens, conservé jusqu'à nous.
In Domino semper, disaient dans leur sagesse
Les bons vieux directeurs ! *Gaudete, gaudete.*
Gaudeamus ergo, répondait la jeunesse.
Nos terrasses l'hiver, et Tourvieille en été (1),

(1) Tourvieille était la maison de campagne des Minimes. La loi de dévolution (!) les en a dépossédés : c'est aujourd'hui l'Ecole Joffre pour les soldats mutilés.

Théâtre de leur course et de leur gymnastique,
Les voyaient se livrer à d'innocents ébats,
Aux congés solennels, l'éclatante musique
De ses cuivres vibrants, scandait, rythmait leurs pas.
Que la tristesse, enfants, de notre front s'efface,
Semblait-elle leur dire. Heureuse au milieu d'eux,
D'un maternel sourire encourageant leurs jeux,
Bénissez, ô Marie, et nos jeux et nos fêtes,
Et que sous votre main, nous inclinions nos têtes,
Et prières et cantiques mettaient un miel
Délicieux, parfum pour la journée entière.
Les congés minimois, les matins de Fourvière
M'ont appris que la joie est avant-goût du Ciel.

Cette bien chère maison, il fallut pourtant l'abandonner, et ce fut un abandon cruel qui donna aux maîtres, aux parents, aux élèves, un vrai déchirement de cœur. Où aller? On n'improvise pas, comme beaucoup de choses, une maison d'éducation.

L'Etat laissa pendant deux ans l'immeuble inoccupé : on ne savait qu'en faire ; il avait un lugubre aspect, des réparations coûteuses devenaient indispensables. On passait avec un vrai serrement de cœur devant cette maison abandonnée, naguère si joyeuse et si pleine de vie.

Plus tard, elle devint utile, très utile même, quand la guerre éclata, quand des soldats malades et mutilés vinrent y chercher un refuge. Hélas! ils étaient nombreux. Ce fut une consolation pour les propriétaires de voir que leur immeuble avait enfin un si noble emploi ; cette maison est devenue une annexe de l'Antiquaille, et, en voyant abattre l'ancienne chapelle, nous avons pensé qu'on allait construire une aile parallèle.

Mais où aller? Que devenir? Est-ce que les Minimes allaient disparaître ! On ne le pensa pas, on ne le voulait pas. Ce n'était pas possible.

Il y a le corps et l'âme, pour ainsi dire, dans une maison d'éducation.

Ce ne sont pas les murs, les terrasses, les beaux locaux qui sont l'essentiel d'une maison d'éducation, c'est l'esprit qui l'anime, c'est son cœur, ce sont ses traditions, ses méthodes, l'idéal qui l'inspire ; les spoliateurs ne pouvaient ravir tous ces biens : ils ne sont pas, heureusement, à leur portée.

Ils ne pouvaient non plus supprimer la vie religieuse qui vivifiait les Minimes, ni la dévotion à la Sainte Vierge, une de ses forces et de ses joies.

Les parents, fidèles à la maison, supplièrent les maîtres de prendre telle combinaison possible pour la maintenir sous quelque forme que ce fût. La chose était malaisée, mais la Bonne Mère donna encore cette fois son appui.

Grâce au dévouement, au sacrifice, grâce à la générosité de l'administration diocésaine, on put, dans l'ancien pensionnat des religieuses de Notre-Dame des Victoires, rue des Macchabées, loger les classes inférieures.

L'espace est resserré, mais du moins la terrasse

est assez vaste et la chapelle, gracieuse. Le panorama qu'on a de la maison est grandiose.

Assurément, c'était une chose fort ennuyeuse et pénible de scinder la maison, mais en temps de persécution et en temps de guerre, on fait bon marché de ses aises et de ses convenances ; on se plie de bonne humeur aux exigences de la situation pour l'amour de Dieu et de l'Eglise, pour l'avenir de la jeunesse ; la cause en vaut la peine.

On installa les élèves des classes supérieures à une certaine distance, rue du Juge-de-Paix, au lieu appelé Lorette, qui était l'ancienne Recluserie de la Madeleine. Les Sœurs de Nazareth y avaient autrefois un pensionnat, un demi-pensionnat et externat, quand elles furent obligées de quitter leur demeure. L'école Gerson y séjourna quelques mois.

Le corps professoral des Minimes fut presque totalement mobilisé ; environ vingt professeurs partirent pour la défense de la Patrie ; tout le fardeau retomba sur quatre ou cinq professeurs âgés ; ce fardeau était lourd, les corvées étaient quotidiennes et elles furent prolongées.

Le Supérieur paya largement de sa personne ; il se fit surveillant, et les heures de surveillance étaient nombreuses.

Du reste, c'était pour toutes nos maisons d'éducation la même chose ; mais aux Minimes la situation était plus compliquée, puisqu'il y avait deux maisons : pour employer une expression populaire, nous dirons qu'il fallait faire la navette entre l'une et l'autre, entre la rue des Macchabées et la rue du Juge-de-Paix.

La tâche était facilitée par l'excellent esprit des élèves : ils avaient conscience des sacrifices qu'on s'était imposés pour eux et ils reconnaissaient le dévouement de leurs maîtres.

On nous excusera d'avoir parlé un peu longuement de cette chère maison des Minimes; elle est si attachée à Notre-Dame de Fourvière, qu'il est juste de profiter de l'occasion de la remercier et de lui témoigner notre estime et notre reconnaissance.

CHAPITRE XVI

Ecole Leidrade.

A une courte distance des Minimes, au sommet
du Chemin-Neuf, le séminaire de Saint-Jean a transporté ses pénates dans l'ancien couvent des religieuses de Marie-Thérèse, et a pris nom d'Ecole Leidrade, nom d'un illustre archevêque de Lyon, *mis-
sus dominicus* de Charlemagne.

Le couvent de Marie-Thérèse fut fondé en 1815,
par Mme de la Rochetterie. M. le chanoine Condamin a écrit sa vie, elle est fort intéressante.

Si pour les Minimes, c'est chose onéreuse d'aller
d'une maison à une autre, la chose l'est aussi pour
les maîtres et les élèves de l'école Leidrade, obligés
d'aller assez souvent à la cathédrale pour les cérémonies, le dimanche et les jours de fête.

En outre, les locaux n'étaient guère en rapport
avec la population scolaire du séminaire. Pendant
la guerre, une ambulance s'y étant établie, le séminaire universitaire lui a offert une hospitalité appréciée.

Il y aurait bien des réflexions amères à faire sur
la persécution qui a sévi et a imposé de telles ri-
gueurs ; souffrons en silence !

Faire l'éloge du Petit Séminaire de Saint-Jean, de l'Ecole Leidrade, est superflu. Ce que nous avons dit des Minimes, nous pourrions le redire ici, toutefois avec cette particularité que la Manécanterie, comme on l'appelait autrefois, était surtout destinée à rehausser, par les chants et les cérémonies, l'éclat des splendeurs liturgiques de la Primatiale.

Un ancien professeur de philosophie de Saint-Jean, le regretté M. Pourrat, a écrit sur ce sujet un petit volume précieux, aujourd'hui introuvable.

MM. les chanoines Sachet et Vanel ont écrit sur le même sujet des pages fort intéressantes : l'érudition religieuse à Lyon a des représentants autorisés.

Le Séminaire de Saint-Jean donnait à ses élèves une instruction littéraire excellente et, en plus, une éducation musicale soignée.

Dans le choix des élèves, on tenait sans doute grand compte des dispositions morales des sujets, de leurs aptitudes en général, mais aussi de la qualité de leur voix.

MM. les curés n'ignoraient pas cela, et ils savaient que leurs candidats seraient plus facilement agréés, s'ils avaient une belle voix, et une sorte de distinction naturelle qui les portait à faire les cérémonies comme il faut.

Cette sélection avait sa raison d'être ; avant la grande Révolution, les chanoines-comtes étaient assez méticuleux en cette matière.

Les élèves de Saint-Jean ont eu des maîtres de chapelle dont ils sont justement fiers ; nous pouvons nommer M. le chanoine Neyrat, M. le chanoine Trillat et évoquer de suite des souvenirs de musique religieuse admirablement exécutés.

Les cantiques du chanoine Neyrat eurent une grande réputation.

L'Ecole Leidrade est sur la sainte colline depuis peu d'années ; nous en avons dit assez pour faire comprendre que nous sommes heureux de lui rendre hommage.

CHAPITRE XVII

ANCIEN GRAND SÉMINAIRE.

Sur les petites feuilles *in memoriam* que les nouveaux prêtres recevaient avant de quitter la chère
maison où ils avaient reçu leur éducation cléricale,
on lisait, au-dessous de la statue reproduite de Fabisch qui surmonte le clocher de l'ancienne chapelle,
ces mots :

> *Posuerunt me custodem*
> *Seminarii in montem Martyrum*
> *sub umbraculo*
> *Sanctuarii Fori Veteris.*

Ils m'ont choisie comme la gardienne du Séminaire, sur la colline des Martyrs, à l'ombre du sanctuaire de Fourvière.

La maison n'était pas précisément à l'ombre du
temple de la Madone, mais la distance était relativement petite, et les lévites du sanctuaire se sentaient comme sous son manteau.

Des bords de la Saône, on aperçoit une masse mo-
numentale qui en impose : un grand corps de bâtiments à quatre étages, flanqué de deux ailes.

C'est sous l'Empire que le grand séminaire a été

construit par un architecte de mérite, M. Desjardins : il l'a été aux frais de l'Etat, mais c'est le clergé qui a fait bâtir la chapelle et la dépense a été grande.

Il contenait trois cents cellules, en comprenant celles des mansardes, auxquelles les séminaristes avaient donné le nom pittoresque de tabatières.

Le réfectoire, la salle des exercices, les salles de cours et de classes avaient été aménagés très convenablement pour la destination spéciale qui était la leur.

Aussi bien, quand l'immeuble fut inoccupé, on se demanda ce que l'on pourrait bien en faire.

Comme la maison des Minimes, on l'abandonna à son malheureux sort, et alors les bâtiments se détériorèrent beaucoup ; il fallut y faire des réparations coûteuses.

La Caisse des Dépôts et Consignations, nous a-t-on dit, y a mis de vastes bureaux, modeste emploi d'un édifice qui a coûté plus de deux millions.

C'est un vrai crève-cœur pour les prêtres qui y ont reçu leur formation sacerdotale de passer devant cette maison, car elle leur rappelle de grands et chers souvenirs, des maîtres vénérés, des camarades aimés, des joies surnaturelles d'une infinie valeur, et des épreuves méritoires.

Le grand séminaire était jadis à la Croix-Paquet, où est actuellement le funiculaire de la Croix-Rousse, de la rue Royale.

FIG. 23. — Ancien Grand Séminaire de Saint-Irénée.

C'est en 1855 qu'on a posé la première pierre de l'édifice.

Voici l'inscription qu'on fit graver à cette occasion, sous les auspices de la Vierge Immaculée :

> Sous les auspices de la Vierge immaculée, Mère de Dieu,
>   de saint Irénée son Patron,
>   de M. VAISSE, sénateur et Préfet du Rhône,
>   de M. DUPLAY, Supérieur,
>   de Son Eminence le Cardinal DE BONALD, Archev. de Lyon,
>   M. DESJARDINS, architecte.

Les travaux furent rondement menés, et en quelques années, la construction était terminée : le diocèse avait pour ses futurs prêtres une maison appropriée ; tout se passa, sous la protection de Marie, dans d'excellentes conditions.

Il occupait l'emplacement de bains romains, dans le temps du vieux Lugdunum.

Avant la Révolution, les Ursulines avaient là un couvent : on appelait l'endroit la grotte Burelle.

C'est en 1855 que la première pierre avait été posée ; c'est en 1859 que le grand séminaire était ouvert.

Les vocations furent nombreuses : trois cents séminaristes l'occupèrent souvent, et de leurs rangs sont sortis nombre de missionnaires et de religieux de divers ordres et congrégations ; c'était une riche pépinière. Que de saints séminaristes ont vécu là, avant leur initiation aux saints ordres !

C'est sous la discipline sulpicienne qu'ils ont reçu leur formation.

Ce serait de la prétention de ma part de faire

Fig. 24. — M. Duplay,
premier Supérieur du Grand Séminaire de Saint-Irénée.

l'éloge de nos maîtres vénérés. Le Pape Léon XIII l'a fait complètement en parlant de la Compagnie de Saint-Sulpice : ce qu'il a dit de la Société, en général, a ici, en particulier, son application.

Les trois Supérieurs qui ont dirigé la maison

avant sa fermeture ont été, à des titres divers, des hommes remarquables.

Le premier, M. Duplay, sous des apparences simples et modestes, était un homme du plus grand mérite.

Ce qui le caractérisait, c'était un rare bon sens, une rectitude de jugement parfaite, un véritable discernement des esprits ; aussi était-il un conseiller très écouté : dans le Conseil archiépiscopal, il avait sa place marquée.

Il enseigna la Sainte Écriture pendant de longues années, non pas selon les méthodes de l'exégèse moderne, de la critique moderne ; l'érudition n'était pas son fait.

Mais on peut dire qu'il possédait à fond les Saintes Écritures, parce qu'il allait jusqu'à l'âme, pénétrant avec une sagacité merveilleuse le sens du texte et en faisant des applications admirables.

Le règne végétal ne me plaît pas dans l'herbier du botaniste, le règne animal dans un muséum, c'est la nature vivante qui me plaît. La science est nécessaire, soit, et ses principes et ses règles, mais comme la vie elle-même déborde les divisions, les subdivisions, les nomenclatures de la science ! Vive l'exégèse, si vous voulez ; mais comme j'aimerais à entendre un professeur d'Écriture Sainte m'expliquer le texte comme le faisait M. Duplay !

En 1870, après une carrière féconde, entouré de

l'estime, de l'affection, de la confiance de tout le clergé, dans un âge avancé, il résigna ses fonctions.

La terrible guerre de 1870 avait dispersé de côté et d'autre les lévites du sanctuaire : l'autorité militaire occupa le grand séminaire : la maison de campagne de Francheville était aux mains du génie qui exécuta des travaux de défense, en vue d'une invasion possible de l'ennemi.

M. Méritan, professeur de morale, fut appelé à succéder à M. Duplay. La première année, en grande partie, il la passa à St-Germain-Laval, en Forez, avec les élèves du premier cours, secondé par M. Laurent, devenu plus tard abbé de Lérins, et par M. Birot, économe.

Fig. 25.

M. Méritan, second Supérieur du Grand Séminaire, mort curé de Saint-Sulpice.

J'ai eu l'honneur, et je dirai le bonheur, d'avoir les prémices de son supériorat.

L'installation provisoire qu'il avait organisée rapidement n'était pas le dernier mot du confortable, et l'hiver fut exceptionnellement rigoureux.

N'importe ! nous avons gardé un souvenir délicieux de ce séjour : notre première formation eut quelque chose d'intime dont nous tirâmes grand profit ; le mérite du nouveau supérieur s'imposa à nous immédiatement, nous comprîmes que nous avions à faire à un homme éminent, doué de toutes les qualités et les vertus qu'il fallait pour être à la tête du grand séminaire d'un vaste diocèse.

En peu de temps, il acquit sur nous un complet ascendant : c'était un homme d'autorité, et cette autorité était sévère, presque rigide, mais absolument juste et fondée sur un absolu dévouement. M. Méritan avait une profonde conscience de la responsabilité qu'il avait de former de futurs prêtres.

Comme son prédécesseur, il était doué d'une grande rectitude de jugement et d'un rare discernement des esprits.

Ces qualités se manifestèrent encore davantage, dans un champ plus vaste, quand les portes du grand séminaire de Saint-Irénée furent enfin ouvertes aux séminaristes dispersés dans le diocèse.

Il avait devant lui une légion de 300 jeunes hommes appelés un jour à un grand ministère.

Il tint en mains le gouvernail avec force et sûreté : la discipline était parfaite, la règle fidèlement observée.

Ses lectures spirituelles, ses commentaires des Maîtres de la vie spirituelle étaient extrêmement goûtés de tous : ils nous pénétraient des principes qui devaient diriger un jour notre ministère, ses méditations étaient substantielles, bien ordonnées, avec des applications toujours bien choisies.

Ceux qui étaient ses pénitents avaient, dans sa direction, des lumières sur leur conscience très précieuses, il était pour eux un oracle.

Il officiait avec une dignité, une piété qui était un enseignement pour nous. La gravité de son visage nous frappait.

Et ce Supérieur qui avait tant de prestige, était beaucoup plus aimé que craint ; quand il se joignait à nous, dans nos rangs, en récréation, il nous mettait de suite à l'aise ; sa conversation était enjouée et piquante, vraiment charmante. Il était comme un père au milieu de ses enfants, il semblait n'être plus le même homme et nous le considérions comme un camarade plus âgé.

A peine la cloche annonçant la fin de la récréation avait-elle retenti, que le personnage s'était transformé : c'était maintenant le Supérieur, gardien de la règle, à la figure devenue grave.

Pendant plus de quatre ans, M. Méritan remplit ses fonctions avec un succès croissant. On peut dire que le grand séminaire était dans d'excellentes conditions.

Toute son activité se concentrait sur son ministère : il ne donnait au dehors qu'une part très limitée et obligatoire : ses séminaristes étaient tout pour lui.

La cure de Saint-Sulpice devint vacante : il fallait pour ce poste très important un homme d'un mérite supérieur.

Le successeur de M. Olier devait être un homme de haute valeur.

M. Icard, Supérieur général de Saint-Sulpice, était compatriote de M. Méritan, il le connaissait depuis longtemps : il le proposa sans hésiter au Conseil de la Société pour ce poste élevé ; d'emblée, son choix fut accepté.

Notre vénéré Supérieur fut surpris, au-delà de ce qui se peut dire, de cette élévation ; à toutes ses qualités, toutes ses vertus, il faut ajouter celle d'une humilité profonde. Mais il avait fait sienne la maxime de saint François de Sales, qu'il nous avait un jour admirablement expliquée : qu'il ne faut rien demander, rien refuser ; il accepta la proposition qui lui fut faite : il vit la volonté de Dieu à faire.

Il se jugeait peu capable d'un tel emploi, mais puisque les supérieurs à qui il devait obéissance le lui confiaient, il n'avait qu'à accepter ; il accepta en effet.

Ce fut avec des regrets unanimes qu'on apprit cette nouvelle dans le diocèse ; des témoignages de sympathie lui arrivèrent de partout.

M. Lebas, Supérieur du grand Séminaire de Bourges, fut appelé à lui succéder.

C'était assurément un homme de grande intelligence, appelé à jouer un rôle considérable dans le diocèse.

Fig. 26. — M. Lebas, troisième Supérieur du Grand Séminaire,
mort Supérieur général de la Compagnie de Saint-Sulpice.

Les comparaisons sont odieuses souvent et clochent, pour employer l'expression connue : *omnis comparatio claudicat*, et nous nous en abstiendrons soigneusement.

> *Quot capita tot sensus.*

Les caractères, les méthodes diffèrent comme les physionomies : *alius sic, alius vero sic*, l'un agit comme ceci, un autre comme cela.

Les circonstances varient aussi, et les mesures à prendre dépendent d'elles souvent, la Providence a ses vues.

Le Cardinal Caverot, venu de Saint-Dié à Lyon, dans un âge avancé, reconnut en M. Lebas un homme de gouvernement précieux, sur qui il pouvait faire fond. Il lui accorda un crédit illimité, dont le nouveau Supérieur voulut faire son profit.

Des mesures radicales furent prises en vue de l'unification de l'enseignement ; et les critiques ne manquèrent pas ; *scinduntur theologi*. Le temps est un grand calmant.

Sur le moment on s'échauffe, puis, peu à peu, on arrive à des appréciations plus raisonnables.

Du reste, M. Lebas était un homme de caractère entier et de rare énergie, qui ne se laissait guère troubler par les oppositions, quand il croyait avoir raison : comme il avait des intentions droites, il allait de l'avant.

Je me rappelle lui avoir entendu dire un jour que ce qu'on appelait opinion publique était chose légère et changeante ; qu'il ne fallait pas s'en préoccuper.

Il introduisit quelques réformes matérielles au Grand Séminaire, en vue du bien-être des séminaristes ; il voulut qu'ils eussent des jeux, des exercices qui fissent diversion à leurs travaux intellectuels, mais le développement des études lui fut surtout à cœur, et il y donna tous ses soins.

Son influence grandit de plus en plus au sein de l'administration diocésaine. Le cardinal Caverot mort, Mgr Foulon, son successeur, lui donna sa confiance, mais ce fut surtout sous le cardinal Coullié que M. Lebas fut comme une Eminence grise. Son influence était allée toujours en croissant, elle atteignit son apogée et ne subit pas de déclin.

Il remarqua des prêtres de talent qu'il jugea aptes, malgré leur jeunesse, à des emplois élevés.

L'avancement rapide est souvent jugé sévèrement.

Le diagnostic de M. Lebas avait été juste et les hommes qu'il avait proposés au Cardinal firent honneur à son choix.

Il en est un que la mort a ravi trop tôt, Mgr Dadolle, évêque de Dijon. Il avait une activité débordante, son zèle s'étendait à tout, rien ne l'arrêtait ; cependant les forces humaines ont une limite, le surmenage ne peut durer indéfiniment.

Recteur des Facultes catholiques, après avoir été dix ans professeur, vicaire général, il était toujours sur la brèche.

Il montait souvent en chaire, donnait son concours à de multiples œuvres.

Il était l'homme de M. Lebas, qui était son conseiller écouté, celui d'abord du Cardinal.

Ce fut par les soins de M. Lebas que le pensionnat Gagnière, contigu au Grand Séminaire, fut acquis et devint le Séminaire universitaire, annexe des Facultés catholiques.

M. Lebas pensait bien terminer sa carrière parmi nous, mais la Providence en avait décidé autrement.

M. Captier, ancien directeur du Grand Séminaire de Lyon, puis Procureur à Rome de la Société, enfin son Supérieur général, mourut. Il fallut lui donner un successeur.

Les temps étaient critiques, mauvais : on avait besoin d'un homme d'expérience consommée et de grande énergie.

M. Lebas était dès lors tout désigné au choix des membres du Conseil, qui l'élurent, malgré son âge avancé. C'était, ce semble, le seul obstacle.

Cependant la santé de M. Lebas était encore vigoureuse et la force de son caractère n'avait pas faibli.

C'était un grand sacrifice qu'on lui demandait, il le fit généreusement.

Son généralat ne fut pas long, mais jusqu'à la fin,

il montra ce courage indomptable et cet esprit de décision qui l'avait caractérisé.

Qu'on nous excuse d'être sorti de notre sujet pour rendre cet hommage à trois hommes à qui notre diocèse doit beaucoup, ou plutôt, nous n'avons pas à nous excuser.

M. le chanoine Pourrat, auteur de plusieurs ouvrages estimés, continue les traditions de ces vénérables prédécesseurs, comme Supérieur du Grand Séminaire, à Sainte-Foy. Mais, hélas ! la guerre lui a enlevé un grand nombre de ses élèves, et c'est avec des sanglots que l'on fait la récapitulation de tant de morts.

Que le Maître de la moisson envoie des ouvriers !

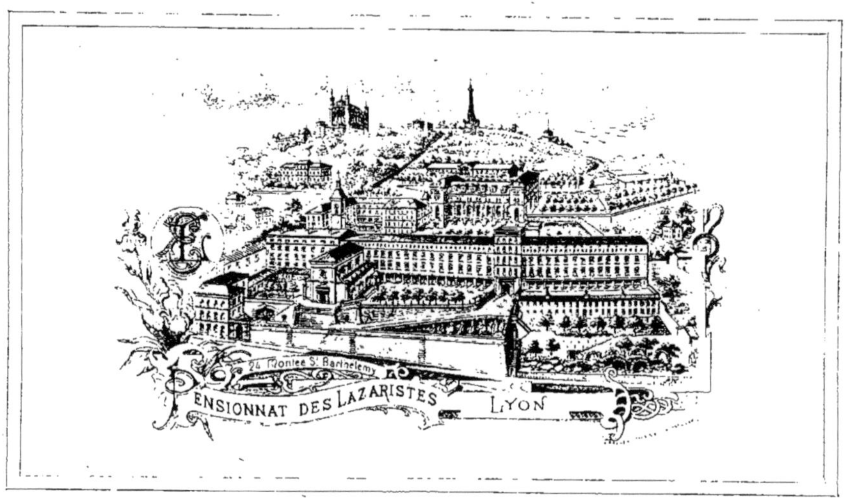

FIG. 27. — Vue d'ensemble du Pensionnat des Lazaristes.

CHAPITRE XVIII

Pensionnat des Lazaristes (1).

Avant la grande Révolution, les fils de saint Vincent de Paul, appelés les Lazaristes, avaient une maison à l'endroit où s'établit le pensionnat des Frères de la Doctrine. Ce nom lui est resté attaché.

Les anciens élèves des Frères, quand leurs maîtres furent chassés de la maison qu'ils avaient fondée, formèrent une association pour continuer leur œuvre et procurer à leurs enfants le bienfait d'une éducation chrétienne solide.

La colline de Fourvière, dans cette partie où s'étagent les grands bâtiments du pensionnat, était autrefois un ensemble confus de prairies, de vignes et de jardins, de terrains vagues et broussailleux, coupés çà et là par quelques habitations éparses.

En 1673, l'une de ces maisons, avec le terrain qui en dépendait, fut cédée par le Prévôt des Marchands de Lyon, le sieur Mascrani, italien d'origine, aux prêtres de la Mission fondée par l'apôtre

---

(1) Nous remercions M. le Directeur du Pensionnat de nous avoir remis les documents nécessaires pour la rédaction de cette petite notice.

de la charité, saint Vincent de Paul, qui s'étaient établis à Lyon, cinq ans auparavant, et y avaient été reçus avec empressement.

Ces missionnaires zélés firent bâtir une chapelle, autant pour leurs besoins personnels que pour ceux des jeunes gens qu'ils recevaient chez eux, à de certaines époques de l'année.

Ils restèrent en possession tranquille de leur propriété jusqu'à la Révolution, qui les dépouilla comme les autres religieux ; leurs biens, déclarés biens nationaux, furent mis en vente.

Un négociant de Lyon, le citoyen Lavasseur, s'en rendit acquéreur, au prix de 123.234 francs, somme considérable pour l'époque.

Mais Lavasseur, n'ayant pu remplir les conditions du cahier des charges, fut dépossédé de son acquisition qui fut alors adjugée aux sieurs Nègre et Brossais-Saint-Marc.

En 1833, l'immeuble fut vendu aux Visitandines qui n'y restèrent que deux ans ; elles le revendirent à M. Frison, rentier, lequel le céda à Pauline Jaricot qui se proposait de fonder là un hospice.

Sur les conseils de Mgr Gaston de Pins, elle le céda au prix coûtant, à savoir 120.000 francs, aux Frères de la Doctrine chrétienne, à la condition que ceux-ci laisseraient la chapelle sous le vocable de Sainte Philomène, la sainte de prédilection de Pauline Jaricot.

FIG. 28. — Entrée du Pensionnat des Lazaristes.

Ses intentions furent scrupuleusement exécutées, ainsi qu'en témoignent l'inscription qui surmonte la grande porte et la fresque du chœur.

L'Institut des Frères y transporta l'école installée depuis 1802 au Petit-Collège, actuellement mairie du Ve arrondissement.

En 1839, un décret ministériel autorisait les Frères établis à Lyon, dans l'enclos des Lazaristes, à ouvrir un enseignement primaire supérieur.

La maison ne tarda pas à prendre un grand développement, et à rendre de signalés services au commerce de Lyon et de la région.

En 1848 et en 1870, les événements politiques interrompirent les cours durant quelques mois seulement; ils reprirent assez vite, et la clientèle scolaire ne fit que s'accroître.

En 1904, le pensionnat comptait plus de 1000 élèves, soit internes, demi-pensionnaires et externes.

Dès 1892, la direction avait adopté officiellement les programmes de l'enseignement secondaire moderne.

En 1904, l'établissement des Frères fut fermé, à la désolation générale, par application de la loi sur les Congrégations autorisées.

Une œuvre de cette importance ne pouvait périr. Les anciens élèves voulurent la faire revivre sous une autre forme.

Dans le prospectus de la Maison, on lit ces

Fig. 29. — Salle des Fêtes du Pensionnat des Lazaristes.

paroles qui caractérisent bien l'enseignement qui y est donné :

« Le but est de donner aux enfants qui lui sont confiés une éducation basée sur la morale chrétienne, une instruction religieuse éclairée et solide, une instruction générale étendue, adaptée aux besoins de la vie moderne.

Messieurs les aumôniers s'occupent de la direction spirituelle des élèves, font chaque semaine des conférences et des instructions religieuses. La préparation à la première Communion est confiée à leurs soins. »

Le regretté M. Devuns, ancien professeur de philosophie aux Minimes, occupa, avec grand succès, le poste de premier aumônier ; avec lui, M. le chanoine Faugier, aujourd'hui Recteur de Fourvière, exerça avec distinction les fonctions de second aumônier. M. l'abbé Raphanel, aujourd'hui curé de Saint-Bonaventure, leur succéda.

Les Frères de la Doctrine Chrétienne, en vrais disciples de saint Jean-Baptiste de la Salle, ont toujours eu pour la Sainte Vierge une grande dévotion, ils se sont appliqués à la communiquer à leurs élèves comme un bien précieux ; c'est pourquoi ils se sont estimés toujours très heureux d'avoir leur grand établissement scolaire près du sanctuaire célèbre de Fourvière.

Que de fois ils l'ont visité avec leurs élèves ! que de nombreux pèlerinages ils y ont faits !

Nous les avons vus souvent, et nous continuons à voir leurs successeurs auprès de la Madone ; ils la chantent avec ardeur ; leurs cantiques choisis avec soin sont bien exécutés.

Les élèves entendent avec piété les allocutions

Fig. 31. — La Chapelle (grande nef), du Pensionnat des Lazaristes.

de leurs aumôniers et s'avancent en rangs serrés à la Table Sainte : le spectacle que donne cette chrétienne jeunesse est réconfortant.

Les Frères de la Doctrine Chrétienne ont peuplé de leurs élèves l'Ecole Centrale des Arts et Manufactures, les écoles d'Arts et Métiers, l'Ecole de Commerce et d'Agriculture ; ils ont envoyé même à l'Ecole Polytechnique et aux Facultés des Sciences plusieurs de leurs meilleurs élèves qui y ont tenu une place honorable.

Beaucoup de leurs anciens élèves sont devenus patrons, ingénieurs ou contremaîtres dans des fabriques et usines ; plusieurs de leurs anciens élèves, des industriels, des commerçants en renom.

Les Frères leur ont donné une préparation excellente, car, pour le savoir et le dévouement, leurs professeurs étaient à la hauteur de leur tâche sublime.

Ils leur ont inspiré de plus des sentiments chrétiens, qui, bien compris, sont de nature à améliorer la situation des travailleurs, car la fraternité chrétienne n'est pas un vain mot. Ce ne sont pas les phrases creuses et ronflantes des démagogues qui nourrissent le peuple : ils le dupent, exploitent sa crédulité et s'en font des rentes.

Les grands succès de ces éducateurs émérites ont causé leur perte : leurs ennemis jaloux ont voulu supprimer des rivaux. Les soi-disant ignorantins, par la supériorité de leurs méthodes, leurs initiatives hardies et raisonnées dans l'enseignement technique, professionnel, agricole montraient qu'ils n'avaient d'ignorantins que le nom.

Aussi bien, c'est en quelque sorte, à brassées, qu'ils cueillirent les plus hautes récompenses données par les jurys dans les Expositions internationales : diplômes d'honneur, médailles d'or de première classe.

Les travaux de dessin de leurs élèves étaient tout particulièrement estimés ; on peut dire que les distinctions les plus flatteuses leur ont été prodiguées.

Pour loger un nombre si considérable d'élèves internes, demi-pensionnaires et externes, de nombreux professeurs et beaucoup de domestiques, il fallait de vastes espaces, de grandes salles d'études et de classes, des cours, des terrasses.

Il n'a pas été facile d'avoir un plan d'ensemble, des agrandissements successifs ont dû se faire.

Plusieurs Frères, architectes ingénieux, ont essayé de tirer parti de leur mieux de l'emplacement non pas sans s'attirer plusieurs critiques de leurs collègues ; il est d'ordinaire plus facile de critiquer que de faire.

La grande salle des Fêtes était vraiment bien : c'est là que les élèves et les anciens élèves ont donné tant de représentations, de concerts qui attiraient toute la ville, les amateurs de belle musique surtout.

Les Frères ont mis souvent à la disposition de diverses Œuvres et de grandes réunions catholiques, leur salle ; j'y ai entendu M. de Mun, M. Brunetière et d'autres contemporains très connus.

C'est chose bien regrettable qu'à Lyon les catholiques n'aient pas une vaste salle de réunion pour eux ; les catholiques de Valence sont mieux partagés qu'eux à ce point de vue.

Pendant la guerre, le Pensionnat fut transformé

en partie en grande ambulance, sous la direction
d'un savant praticien qui est, en même temps, un
grand chrétien : le docteur Vincent, ancien chirur-
gien-major de la Charité : 150 malades environ ou
mutilés y trouvèrent place successivement.

Cette ambulance avait la réputation d'aller très
bien : tous les soins qu'on pouvait donner aux dé-
fenseurs de la patrie, on les donna avec un dévouement admirable.

Est-ce que les vieux préjugés persisteront ? Est-
ce que les passions antireligieuses séviront encore ?
On parle d'union sacrée ; il faut qu'elle soit sincère.

Le fait de s'être donné à Dieu dans une congrégation religieuse ne doit pas priver un homme de ses
droits de citoyen, la liberté ne doit pas être inscrite
sur les monuments seulement, mais dans les lois ; le
port de l'habit religieux a droit au respect.

CHAPITRE XIX

La charité chrétienne a été ingénieuse pour re-
médier, autant qu'elle l'a pu, à bien des maux : la
Maison des Convaléscentes lui doit son origine.

Pendant la guerre, une ambulance a pris possession des locaux : en conséquence, l'Œuvre n'a pu
fonctionner.

Des dames charitables se sentirent émues de pitié
à la vue de pauvres jeunes filles qui, sorties des hôpitaux sans être encore bien guéries, n'étaient pas
en état de reprendre le travail et, par suite, étaient
exposées à bien des dangers.

Venues de la campagne souvent, pour gagner leur
vie, dans l'espérance peut-être de faire fortune à la
ville, ou du moins d'y avoir de gros gains, elles
quittent la proie pour l'ombre.

Elles ne veulent plus revenir au village. La ville
a exercé sur elles une fascination malheureuse ;
quelquefois elles ont ramassé un petit pécule dans
la place où elles se trouvaient. Elles tombaient malades, sorties de l'hôpital sans ressources ; parfois,
aussi, comme à notre époque, un amour insensé de la
toilette règne du haut en bas de l'échelle sociale,

elles ont follement dépensé leur argent, elles se trouvent ensuite sans rien. Où aller ? Que faire ? elles ne sont pas en état de reprendre encore leur travail.

C'est à cela que pense l'Œuvre des Convalescentes. Hélas ! elle ne peut subvenir que d'une façon très limitée à des besoins immenses. La maison n'est pas très vaste, et ses ressources ne sont pas abondantes.

Quelques Dames patronnesses se dévouent ; elles donnent largement de leur avoir, et elles vont ensuite frapper à la porte de personnes riches et aisées, pour leur faire comprendre l'utilité, la nécessité de cette Œuvre.

Nous avons eu l'honneur de connaître une de ces dames charitables, morte il y a quelques années, dans un âge avancé. Quelle femme admirable elle était ! Que de fatigues elle s'est imposées pour cette Œuvre et aussi celle des Vocations ! Pourquoi ne pas la nommer ? Mme veuve Martaux. Elle doit avoir là-haut une belle place, et sa mémoire est en bénédiction ici-bas.

Comme les gens de la campagne feraient bien d'empêcher leurs jeunes filles de venir seules à la ville, exposées aux pires dangers ! Les campagnes se dépeuplent ; les villes regorgent, et la misère s'y développe dans des conditions lamentables, avec le vice et la corruption.

CHAPITRE XX

Ancienne Résidence des PP. Maristes,
a Pilata.

Au bas de la montée Saint-Barthélemy, où se
trouve aujourd'hui l'Externat Sainte-Marie, excellente institution dirigée par des prêtres séculiers,
en face de la maison bien connue des Lyonnais, dite
maison de Henri IV, tout à côté du tunnel du funiculaire Saint-Paul, était la résidence des Pères Maristes, au lieu dit Pilata, dans le voisinage de l'église
Saint-Paul, où le chancelier Gerson enseigna le
catéchisme aux enfants.

Dans notre livre sur Fourvière et dans celui de
la Madone, nous avons rendu un sincère hommage
à la Société de Marie qui est, comme on sait, d'origine lyonnaise ; son fondateur, le T. R. P. Colin,
était né à Saint-Bonnet-le-Troncy, dans le Haut-
Beaujolais : le berceau de la Société est, pour ainsi
dire, la chapelle de Notre-Dame de Fourvière.

Fondée en 1836, elle n'a pas encore un siècle
d'existence, et cependant elle a fourni une belle carrière, et donné à l'Eglise de grands sujets de joie et
de consolation.

Ce sont ses premiers missionnaires qui ont évangélisé l'Océanie; le premier martyr de ces régions a été un des siens, le Bienheureux Chanel.

Dans la Nouvelle-Calédonie, elle a rendu à la France de très grands services; c'est un Lyonnais, le Père Mariste de Fenoyl, qui est aujourd'hui curé de Nouméa.

Dans la direction des grands et petits séminaires, dans ses collèges, la Société de Marie a eu de beaux succès, un bon nombre de ses prédicateurs ont annoncé avec fruit la parole de Dieu, aussi bien dans les églises des campagnes que dans celles des villes, dans les cathédrales.

Elle a voué à la Sainte Vierge un culte spécial ; elle porte son nom et fait profession de l'honorer particulièrement et de la faire honorer par tous les moyens en son pouvoir.

Son fondateur était un grand serviteur de Marie; c'était, dans toute la force du mot, un homme de Dieu. Un procès canonique en vue de sa béatification est en cours, et nous sommes persuadé qu'il aboutira.

Son nom est moins connu que celui de la plupart des fondateurs d'Ordres et Congrégations : c'est sans doute par un secret dessein de Dieu qui voulait bâtir cette Société sur le roc de l'humilité.

Les qualités d'esprit et de cœur du R. P. Colin étaient celles d'un homme supérieur.

FIG. 32. — Maison de Henri IV, en face de Pilata,
montée Saint-Barthélemy.

A ses vertus de saint, il ajoutait des qualités d'ordre naturel remarquables, principalement le jugement, qui était parfait.

Il y avait en lui une maîtrise de soi, une pondération, un équilibre admirable et une grande perspicacité.

Il est dit du divin Maître qu'une vertu s'échappait de sa personne : *virtus de illo exibat* ; quelque chose de pareil — proportion gardée bien entendu — au point de vue spirituel, se produisait chez le Père Colin ; auprès de lui on devenait meilleur, l'âme était comme rafraîchie et rassérénée et élevée vers Dieu.

Il vécut donc à Pilata quelque temps.

Le T. R. P. Eymard y passa aussi quelques années, avant de fonder sa Société des Pères du Saint-Sacrement.

Il n'était pas d'origine lyonnaise, mais dauphinoise, étant né à La Mure d'Isère ; il fut un des premiers compagnons du Fondateur.

C'est à Fourvière, en célébrant la Sainte Messe, qu'il eut comme une révélation du ministère nouveau auquel Dieu le destinait, celui de fonder une Société dont le but spécial serait d'honorer et de faire honorer la Sainte Eucharistie.

C'est dans la Société de Marie que Jésus a pris le saint prêtre appelé à une si belle vocation, si sublime : c'est assurément un honneur pour elle.

FIG. 33. — Le T. R. P. Colin, Fondateur de la Société de Marie.

L'Association des Prêtres Adorateurs, qui est nombreuse et répandue dans le monde entier, est

Fig. 34. — Le Bienheureux Chanel,
premier martyr de l'Océanie.

reconnaissante à la Société de Marie de leur avoir donné un tel apôtre ; c'est chez elle qu'il a reçu sa formation religieuse.

Mais si nous parlons ici de la résidence des Pères

Maristes, c'est à cause du Tiers-Ordre de Marie dont nous n'avons pas parlé dans nos précédents ouvrages et, ici, nous remercions respectueusement le T. R. P. Raffin, Supérieur général, de nous avoir communiqué à ce sujet les renseignements dont nous avions besoin.

Nous résumons très brièvement, et en citant textuellement, ce · qu'il importe surtout de connaître au sujet du Tiers-Ordre de Marie.

Des âmes généreuses, pressées par le désir d'une plus grande perfection, pleines d'estime et

Fig. 35. — Le Vénérable Père Eymard, Fondateur de la Société des Pères du Très-Saint-Sacrement.

d'attrait pour la vie religieuse, mais retenues dans ce monde par des obstacles divers, s'étaient adressées à la Sainte Vierge, la conjurant de leur fournir, sous son bien-aimé patronage, un puissant moyen de sanctification. Leurs désirs furent exaucés au-delà de leurs espérances.

Leurs désirs ouvrirent la voie à la réalisation d'un

projet très cher au R. P. Colin, qui, dès le début de sa fondation, avait nourri la pensée d'adjoindre à la Société de Marie les personnes avides de mener une vie plus parfaite sous l'étendard de la Reine du Ciel.

Deux réunions de Frères et de Sœurs s'organisèrent donc bientôt, sous la direction du Supérieur des Maristes.

Lyon, berceau de la Société, le fut aussi du Tiers-Ordre, et c'est dans le sanctuaire si vénéré de Notre-Dame de Fourvière que les premiers membres firent leur consécration.

Le Pape Grégoire XVI bénit ce nouveau Tiers-Ordre naissant.

Le 8 septembre 1850, fête de la Nativité de la Sainte Vierge, fut le jour fortuné entre tous, où le Tiers-Ordre reçut de Sa Sainteté Pie IX une haute et définitive approbation. Le 8 décembre suivant, fête de l'Immaculée-Conception, Son Eminence le cardinal de Bonald l'instituait canoniquement par l'autorité apostolique en vertu d'une délégation spéciale de Notre Saint-Père le Pape.

La règle, d'abord à l'essai, fut approuvée de la même façon, le 31 mai 1857, par Mgr de Bonald.

Une période de magnifique expansion s'ouvrit alors pour le Tiers-Ordre.

Partout où se fondait une maison de la Société de Marie, en France et dans les Missions, à son ombre, une Fraternité prenait naissance, attirant en grand nombre les âmes désireuses de se donner et d'appartenir plus pleinement à Marie.

L'esprit particulier du Tiers-Ordre de Marie doit être l'esprit de la Sainte Vierge, c'est-à-dire avoir ce cachet tout spécial d'humilité, de simplicité, de modestie, de douceur et de charité, si admirable et imprimé dans tous les actes de sa vie. A cette fin, le Tiers-Ordre inspire à ses enfants :

1º Une dévotion spéciale et très pratique envers la Sainte Vierge ;

2º Une grande estime de la vie intérieure ;

3º Un esprit de séparation du monde maudit par Notre-Seigneur ;

4º Un zèle ardent pour la gloire de Dieu et le salut des âmes.

Nous n'insistons pas sur quelques autres pratiques ni sur les précieux avantages du Tiers-Ordre : les personnes qui désireraient les connaître peuvent s'adresser à M. l'abbé Mijolla, 13, rue Cléberg, Lyon-Fourvière (Rhône), qui se fera un plaisir de les renseigner.

Il y a trois classes de Tertiaires, suivant que l'on fait partie de la simple association, d'une Fraternité, ou d'une affiliation.

Toute Fraternité du Tiers-Ordre se compose de trois sortes de membres :

Les Postulants, les Novices et les Profès.

Au bout d'un an ou de dix-huit mois au plus, le novice qui s'en est montré digne est admis à la profession ; le nouveau profès reçoit à ce moment la médaille du Tiers-Ordre.

Des témoignages nombreux émanant des plus hauts dignitaires ecclésiastiques attestent l'excellence de cette institution.

Fructibus eorum cognoscetis eos,

a dit le Maître : c'est à ses fruits qu'on reconnaît un arbre ; on peut dire que le Tiers-Ordre est un bel arbre qui a produit de beaux fruits d'édification et de sainteté. Nous ne nous étendrons pas davantage sur ce sujet : ce que nous en avons dit suffit.

CHAPITRE XXI

Orphelinat de Bethléem et Maison des Sœurs
de l'Espérance.

Nous voici au bas de la sainte colline, que nous désirons gravir ; en la remontant, nous aurons encore à nous édifier à la vue de maisons sur lesquelles la Madone de la Cité étend sa main protectrice.

Nous faisons notre ascension par la montée des Carmes-Déchaussés ; bientôt, à notre droite, nous voyons un orphelinat de petites filles dirigées par des Sœurs dont la Maison-Mère est à Bordeaux.

Bethléem ! voilà un nom bien choisi pour un orphelinat et qui fait penser de suite au Petit Enfant Jésus. Les bonnes Sœurs remplissent l'office de la Sainte Vierge envers ces pauvres orphelines.

J'ai lu une notice fort intéressante sur leur congrégation, mais, hélas ! *tempus edax rerum.*

Le temps, qui ronge tout, ronge aussi la mémoire.

Cette congrégation, humble à ses débuts, s'est ensuite étonnamment développée.

Elle a fait comme le grain de sénevé, qui, jeté en terre, devient un grand arbre sur lequel les oiseaux du ciel viennent se reposer et chanter.

Ici, les petits oiseaux sont les petites filles qui

font entendre leurs gazouillements et leurs cantiques dans la maison du bon Dieu.

La Congrégation comprend trois branches :

1º Les enseignantes ;

2º Les hospitalières ;

3º Les Sœurs à la fois enseignantes et hospitalières, mixtes.

Après des débuts un peu laborieux, la Congrégation se répandit dans la région bordelaise, et, de
là, dans toute la France et à l'étranger. La persécution arrêta son développement, mais ne tua pas
les germes de vie qui sont en elle.

Le chevalier, au moyen âge, dans la prestation
de son serment, s'engageait à défendre la veuve et
l'orphelin.

La guerre a multiplié les veuves et les orphelins ;
nous faisons le vœu que la charité chrétienne suscite
beaucoup d'âmes dévouées qui, à l'instar des cheva-
liers, se dévouent à cette belle œuvre des Orphelins.

SŒURS DE L'ESPÉRANCE.

O le beau nom, bien choisi pour des Sœurs garde-
malades. La souffrance a tant besoin d'espérer !

On connaît la belle page de Lamennais sur l'espérance.

En un style imagé et fort, il montre fort bien

qu'elle est le ressort de l'âme humaine, dans toutes ses entreprises.

Celui qui a perdu tout espoir est lui-même perdu : il n'est plus bon à rien.

Il faut à une bonne Sœur garde-malade bien des qualités, et tout d'abord une grande patience et un dévouement sans bornes.

Passer les jours, et souvent la nuit auprès d'une personne qui souffre, souvent exigeante, d'un mauvais caractère, et certaines maladies donnent une fâcheuse déviation au caractère, il faut pour cela avoir un grand amour de Dieu dans le cœur. Cet amour inspire alors une grande pitié, car l'amour de Dieu et du prochain, suivant la parole du divin Maître lui-même, ne font qu'un.

Je peux parler des Sœurs de l'Espérance en connaissance de cause, car il m'a été donné de les voir de près, soignant des personnes qui m'étaient chères et j'ai entendu parler bien des gens qui avaient eu recours à leurs services ; mon expérience personnelle et la leur m'ont confirmé dans l'idée qu'elles étaient de très bonnes garde-malades, et qu'elles ont reçu une excellente formation, à laquelle aide grandement la vocation.

Avant d'être à la montée des Carmes, elles habitaient à Saint-Clair, une maison où elles étaient à l'étroit, dans la banlieue, loin des malades qui réclamaient leur secours.

Le Cardinal de Bonald qui les avait fait venir à Lyon, et les appréciait fort, les engagea à s'établir dans le centre de la ville, mais la chose était malaisée.

Enfin, après bien des recherches, elles découvrirent une maison à peu près à leur convenance, d'un accès pas très facile sans doute, mais, toutefois, elles étaient là beaucoup mieux qu'à Saint-Clair.

Ce qui leur était particulièrement agréable, c'était d'être sous le manteau de la Sainte Vierge : elles l'élurent, lors de leur installation, Supérieure à perpétuité.

La Supérieure en exercice ne devait se considérer que comme sa déléguée ; idée excellente en vérité, car il fait bon vivre sous l'autorité maternelle de la Sainte Vierge : elle console, encourage, soutient, dirige, aplanit les difficultés. Et Elle est la Mère de la Sainte Espérance ! *Mater sanctæ spei!*

CHAPITRE XXII

Ancienne Résidence des Carmes-Déchaussés,
au n° 2 de la montée.

La maison des Carmes sert aujourd'hui de dépôt
aux Archives départementales; les érudits qui viennent les consulter ont une montée assez raide à
gravir; ceux qui ont de l'asthme doivent trouver
l'ascension un peu pénible, mais quand elle est
faite, on est bien dédommagé de sa peine, et je ne
veux pas parler de l'abondance des manuscrits,
mais de la beauté du point de vue.

On y jouit d'un panorama qui n'est pas ordinaire, et des bords de la Sâone, on peut s'en faire
une certaine idée.

On a devant soi le plateau des Chartreux, et, à
droite, en premier plan, la ville, et, dans le lointain,
à droite également, la chaîne des Alpes.

Les religieux qui avaient construit de leurs deniers
un beau couvent et une belle chapelle et possé-
daient une propriété qui était bien à eux, en furent
dépossédés, en vertu d'un article de loi qui est
en flagrante contradiction avec le septième com-
mandement du Décalogue. Mais laissons de côté
ces tristes souvenirs. Les Carmes n'étaient pas

nouveaux venus dans notre ville ; ils ne faisaient de mal à personne et rendaient, au contraire, de grands services.

L'Ordre s'était établi à Lyon, en 1617, en un lieu appelé Tunes ou Tunis.

Les Carmes sont principalement voués au ministère de la prédication et des Missions.

Avant la guerre, ils avaient, à Mossoul et à Bagdad, en Mésopotamie, des Missions prospères.

Ils avaient entrepris sur les bords du Tigre et de l'Euphrate des travaux considérables : des canaux d'irrigation qui avaient fertilisé les terres : les indigènes leur en étaient reconnaissants.

En Terre Sainte, au-dessus de Caïffa, leur célèbre monastère du Mont-Carmel est bien connu des pèlerins, nous n'avons pas oublié la cordiale hospitalité que nous y avons reçue. Nous y avons été témoin d'un baptême par immersion, avec des rites de l'Eglise primitive.

En 1229, le Général de l'Ordre, le bienheureux Stock, y introduisit quelques modifications importantes ; on sait que l'origine de l'Ordre remonte au Pape Honorius qui en approuva la règle en 1226 : il avait été fondé en 1209.

L'Ordre des Carmes avait pris au moyen âge une grande extension : on comptait par centaines les couvents et par milliers les religieux. Depuis, sans tomber dans la décadence, il est bien diminué.

L'Annuaire Pontifical de 1919, dirigé avec tant de soin par Mgr Battandier, mentionne 18 provinces de l'Ordre, 112 couvents avec 2.800 religieux.

Ce fut au bienheureux Stock, comme l'on sait, que la Sainte Vierge fit la célèbre révélation du scapulaire.

L'Eglise l'a authentiquée, et nous bénéficions de cet immense bienfait.

Le Pape Pie X, de sainte mémoire, a permis de substituer la médaille au scapulaire, comme étant d'un port plus facile.

Les Carmes, on peut bien le dire, ont bien mérité de l'Eglise.

CHAPITRE XXIII

Orphelinat de la Solitude.

Nous sommes au Passage Gay qui nous offre une montée charmante à Fourvière; faisons toutefois encore quelques pas sur le chemin de Montauban pour saluer, à notre gauche, l'Orphelinat de la Solitude des Sœurs de Saint-Joseph.

Voilà encore un nom bien choisi.

On n'entend pas ici le bruit de la ville, on y respire un air pur et, sous les ombrages, les orphelines peuvent prendre leurs joyeux ébats.

Les Sœurs Saint-Joseph sont diocésaines, mais elles ont largement franchi les frontières du diocèse ; en Asie Mineure et en Egypte, elles ont des maisons, depuis la dispersion des ordres religieux.

Le Maître a dit : Si on ne veut pas vous recevoir en un lieu, secouez la poussière de vos chaussures et allez ailleurs. C'est ce qu'elles ont fait ; on les a reçues avec empressement.

Ici, elles forment à la piété et au travail des enfants bien dignes d'intérêt.

Nous avons remarqué leurs beaux chants, lors de leur pèlerinage annuel, et nous avons félicité plus d'une fois leur excellent aumônier, M. le chanoine Corret.

ÉPILOGUE

ENFIN ! TE DEUM.

Nous voilà revenu au béni sanctuaire de la Madone, après une assez longue visite aux maisons qu'Elle aime et protège.

Nous avons dit déjà que notre pèlerinage avait été très fréquenté pendant la guerre ; il y avait à cela de nombreuses raisons.

Le culte de Lyon pour la Sainte Vierge est traditionnel. Avant la Révolution, il y avait des sanctuaires de Marie en grand renom, de tous côtés, dans la ville et l'affluence y était considérable.

L'étranger qui se promène dans les rues de notre ville remarque de nombreuses maisons décorées de la statue de la Vierge. Un écrivain très regretté, M. Georges, a écrit un livre sur ce sujet fort intéressant : *Les Madones de Lyon.*

Les circonstances étaient, en outre, exceptionnelles. En plus de nos grands hôpitaux, qui regorgeaient de malades, on avait installé partout des ambulances et des hôpitaux auxiliaires ; de toutes les parties de la France les parents des malades venus pour les voir, faisaient pour la plupart une visite à Fourvière.

Des fabriques et des usines avaient été établies
dans la banlieue pour les munitions, la population
ouvrière s'était accrue dans des proportions formi-
dables : des évacués du Nord, de l'Est, de Belgique
s'étaient réfugiés à Lyon, des soldats de diverses
nationalités traversaient incessamment notre ville :
bref, un mouvement énorme, un va-et-vient continuel se produisait ; grâce à Dieu, il y a encore beaucoup d'âmes religieuses et dans le malheur on
se rapproche plus facilement de Dieu et de Celle
qui est invoquée sous le titre de Secours des chrétiens.

Mais, en avril 1918, notre Basilique fut envahie
pendant neuf jours par une foule accourue de tous
côtés : des prières, des supplications y furent faites
avec une intensité de foi émouvante, la table de
communion fut assiégée : deux prêtres distribuaient
constamment le Pain des forts. Les esprits et les
cœurs étaient sous l'empire de pensées et de sentiments pleins d'angoisse.

La Patrie était en danger pour la seconde fois ;
l'ennemi poussait ses hordes barbares vers la capitale et un exode considérable de ses habitants se
faisait encore de nouveau.

On se regardait avec inquiétude, on parlait peu,
on sentait que l'heure était grave et que Dieu seul,
en réalité, pouvait nous sauver.

Chez les âmes foncièrement chrétiennes, l'espoir

était entier : il ne devait pas être déçu. Peu à peu, les nouvelles devinrent moins mauvaises, l'ennemi, au lieu d'avancer, reculait un peu, et voici que la stratégie du maréchal Foch, devenu enfin généralissime, prenait une tournure favorable. On respirait, on se sentait plus à l'aise, et déjà l'horizon se nuançait de clartés plus rassurantes.

Mais ce fut en juin 1918, dans un Triduum solennel, ordonné par le cardinal Maurin en l'honneur du Sacré-Cœur, et préparatoire à la fête, qu'on fut témoin de spectacles grandioses et profondément émouvants.

La foule débordait : ni la basilique, ni l'ancienne chapelle ne pouvaient la contenir; on décida donc que le jour de la fête du Sacré-Cœur il y aurait double cérémonie : à l'intérieur et à l'extérieur.

Son Eminence célébra la Sainte Messe sous le portique de la Basilique : des milliers de personnes étaient sur la place. Le soir, on fit une procession solennelle. Le cardinal, d'une voix vibrante, rappela que le matin il avait fait le vœu d'ériger en l'honneur du Sacré-Cœur une basilique dans notre ville si la France était victorieuse, et fit entendre des paroles éloquentes de foi, de réparation et de repentir.

M. le chanoine Vernet, curé de Saint-Just, exhorta la foule à faire avec lui des acclamations en l'honneur du Cœur de Jésus, et à étendre les bras, comme le font à Lourdes les pèlerins. Le spectacle était vraiment impressionnant et beau : tous les cœurs battaient à l'unisson.

La procession se mit en marche pour se rendre à un beau reposoir érigé sur la terrasse. Malgré la foule immense, il y avait beaucoup de recueillement ; on chantait les cantiques avec âme et foi ardente.

Le Père Philippe, délégué du Cardinal Mercier, à Lyon, et aumônier de la colonie belge, — ouvrons ici une parenthèse, cette colonie a fait placer une belle plaque de marbre à Notre-Dame du Bon-Conseil, où il y a tant d'ex-voto, en reconnaissance de la protection que la Sainte Vierge lui a donnée : le cardinal Maurin présida la cérémonie, — le Père Philippe, d'une voix de stentor prononça un discours de circonstance qui fit grande impression.

La cérémonie se termina à la Basilique. Une remarque générale fut faite qu'à partir de ce jour, les événements militaires prirent une meilleure tournure; de plus en plus, les nouvelles devinrent plus rassurantes, l'aide américaine se faisait sentir, et nos soldats, plus intrépides que jamais, avec un héroïsme merveilleux, prenaient l'avance, et on comprenait que l'ennemi serait bientôt à bout de souffle.

Les villes se dégageaient de son emprise cruelle : successivement, nos généraux conduits par un chef unique, dans un ensemble d'opérations bien conçues, bien ordonnées, dominaient la situation.

L'évacuation de Lille et des villes environnantes fut saluée avec des transports d'enthousiasme. *Quid multa?* Nous n'avons pas à faire ici le récit des événements, mais, à Fourvière, le 11 novembre, jour où fut signé l'armistice, comme par un coup de baguette, la place fut pavoisée, les cloches retentirent et une joie débordante s'empara de tous.

Enfin ! Enfin! La France avait le dessus. Le Sacré-Cœur triomphait ! Marie, Reine de France, que nous avions tant invoquée, avait joint sa supplication à la nôtre, la barbarie teutonne était écrasée et nos âmes se livraient à la douce espérance.

Nous sommes vainqueurs, c'est bien, mais que de plaies à panser ! que de préoccupations et de tristesses dans les villes et les bourgs, dans presque toutes les familles, conséquences de la terrible guerre.

Le fléau de la grippe vint encore, dans les derniers mois de 1918, aggraver la situation. Ce fléau fit de terribles ravages.

Il y a, au VIe chapitre de l'*Apocalypse*, une vision effrayante : celle du Christ vainqueur, sur un cheval blanc, qui pousse devant lui trois chevaux qui portent la guerre, la peste et la famine : ce sont les trois châtiments que le courroux divin impose aux peuples coupables. Comme nous avons besoin de crier :

Parce Domine, parce populo tuo.

J'écris ces pages en février 1919. Nous sommes dans une année où de graves événements doivent se produire, relativement aux destinées de notre pays.

De grandes causes d'inquiétudes subsistent et, sans être pessimiste, on peut appréhender beaucoup; mais nous disons plein de confiance :

In te Domine speravi, non confundar in æternum.

La Madone nous a protégés, elle nous protègera encore, mais travaillons et prions.

Nous avons chanté le *Te Deum* de la victoire, que l'Eglise et la France s'unissent et nous chanterons le *Te Deum* de la paix religieuse.

TABLE DES MATIÈRES

TABLE DES GRAVURES

Lyon. — Imprimerie Emmanuel Vitte, 18, rue de la Quarantaine.

Imprimerie E. VITTE
LYON-PARIS

www.ingramcontent.com/pod-product-compliance
Ingram Content Group UK Ltd.
Pitfield, Milton Keynes, MK11 3LW, UK
UKHW022339090726
13658UKWH00001B/347